Han participado en la elaboración de esta obra:

EDITORES Y AUTORES

Alonso-Ferreiro, Almudena
Mociño-González, Isabel
Riobóo-Lois, Breogán
Zabalza-Cerdeiriña, María-Ainoa

AUTORES

Ácuña-Ferreira, Virginia

Blanco-Pardo, Nazaret

Carrera-Fernández, María Victoria

Casal-de-la-Fuente, Lucía

Castro-Pais, María Dolores

Cochón-Núñez, María Concepción

Conde-Rodríguez, Ángeles

Diéguez-García, Nuria

Escurero-Pérez, Olga

Fernández-Vázquez, Mar

Ferreiro-González, Isabel

García-Fuentes, Olalla

García-Señorán, María del Mar

González-Rodríguez, Rubén

González-Vázquez, Mercedes

Iglesias-Álvarez, Ana

Lago-Martínez, José Ramón

Loureiro-Ga, Marcos

Martínez-Román, Rosana

Raposo-Rivas, Manuela

Rodríguez-Enríquez, Mónica

Rodríguez-Rodríguez, Juan Luis

Sierra-Martínez, Silvia

Vázquez-Figueiredo, María José

Vázquez-Pérez, Raquel

El desafío del Aprendizaje Cooperativo en la Universidad

Almudena Alonso-Ferreiro
Isabel Mociño-González
Breogán Riobóo-Lois
María-Ainoa Zabalza-Cerdeiriña
(*Eds.*)

NARCEA, S.A. DE EDICIONES

© NARCEA, S.A. DE EDICIONES, 2024
Paseo Imperial, 53-55. 28005 Madrid. España
www.narceaediciones.es

ISBN papel: 978-84-277-3189-9
ISBN ePdf: 978-84-277-3190-5
ISBN ePub: 978-84-277-3191-2
Depósito legal: M-16294-2024

Imagen de cubierta: 123rf

Impreso en España
Printed in Spain

Índice

PRÓLOGO

Cuando se cumplían 50 años de estudios universitarios de educación en Ourense, con la creación de los centros que actualmente se integran en la Facultad de Educación y Trabajo Social, acontecía algo poco habitual en la formación universitaria: la confluencia de medio centenar de docentes en torno a un proyecto de innovación educativa, a partir del cual coordinar actividades de enseñanza-aprendizaje en diversos cursos y titulaciones del centro. Y digo poco habitual, porque una de las asignaturas pendientes, recordada en todos los procesos de evaluación externa, es la coordinación, no solo de todo un centro, sino en sectores más reducidos, como es un título, un curso o incluso una asignatura con varios docentes.

Además del éxito de convocatoria, con profesorado de varios títulos y áreas de conocimiento, otra de las fortalezas del proyecto fue la elección del tema: el aprendizaje cooperativo. La formación práctica en este campo, tanto del profesorado universitario como del estudiantado, futuros profesionales del ámbito educativo y social, es fundamental para transformar el modelo individualista y competitivo que todavía se potencia en muchas de nuestras escuelas e instituciones sociales y socioeducativas.

Fruto de esta experiencia de investigación-acción, iniciada hace dos cursos y todavía viva, es esta obra colectiva que, gracias a la colaboración de muchas personas y entidades, presentamos para su lectura, valoración y recomendación de mejoras a introducir en el proceso de acción-reflexión-acción, en que se encuentra el, cada vez más amplio, grupo de trabajo.

Pude participar en algunas de las sesiones de formación y debate, aunque sin continuidad debido a que mi dedicación a la política-gestión universitaria me resta tiempo y me reduce horas de impartición de docencia, que serían necesarias para llevar a cabo las actividades teóricas y prácticas. Sin embargo, en ningún momento pude ocultar la satisfacción con el desarrollo del proyecto que, más allá de sus resultados, tenía su éxito garantizado por el camino andado en equipo y por la ilusión de mejorar colectivamente la calidad de la docencia.

Felicito a todo el profesorado y alumnado participante, así como a las áreas y servicios de la Universidad que han hecho posible la aventura y la han mantenido en el tiempo, deseando y agradeciendo que continúe por muchos años. Estamos convencidos de la necesidad y posibilidad de mejorar la educación y la sociedad en su conjunto mediante la acción de los futuros profesionales formados en estas promociones de los diferentes Grados y Másteres.

XOSÉ MANUEL CID FERNÁNDEZ
Decano
Facultade de Educación e Traballo Social
Universidade de Vigo

Introducción
En busca de la innovación docente

Almudena Alonso-Ferreiro
Breogán Riobóo-Lois
María-Ainoa Zabalza-Cerdeiriña
Isabel Mociño-González

El Espacio Europeo de Educación Superior (EEES) y la consiguiente normativa que regula, en nuestro país, las carreras universitarias inciden en un modelo de formación académica que traslada el foco de atención de la enseñanza al aprendizaje. Esto implica la transformación de las pautas pedagógicas del profesorado y la conversión del alumnado en agente activo en la construcción de su conocimiento desde un punto de vista competencial, que ha de contribuir a la formación integral de la persona, más allá de la mera formación profesional en una determinada disciplina.

En este sentido, el EEES ha supuesto una oportunidad para modificar o adaptar las metodologías tradicionales a otras más dinámicas y activas, entre ellas el Aprendizaje Cooperativo (AC). Así, el profesorado y el estudiantado se comprometen a vincularse, a tener una relación más horizontal, en la que el profesorado ejerce de guía o facilitador de los procesos de enseñanza y aprendizaje de un alumnado que es el agente activo en la construcción de su aprendizaje, creándose un nuevo clima y discurso en el aula.

La legislación vigente[1] expone de forma pública y oficial que el estudiantado graduado en cualquiera de estas cuatro titulaciones ha de ser una persona capaz de formar parte de equipos de trabajo y desarrollar su labor de forma colaborativa en diferentes contextos.

---

[1] Orden ECI/3854/2007, 27 de diciembre, de Educación Infantil; la Orden ECI/3857/2007, 27 de diciembre, de Educación Primaria; el Libro Blanco del Título de Grado en Pedagogía y Educación Social (ANECA, 2004a); y el Libro Blanco del Título de Grado en Trabajo Social (ANECA, 2004b).

Consecuentemente, la necesidad del profesorado de ejercer un rol facilitador entre su alumnado, para su transición hacia el manejo de habilidades y actitudes de comunicación interpersonal, de negociación, de cesión, de ayuda, de asunción de responsabilidades y de resolución de problemas que generen aprendizajes en todos y cada uno de los miembros del aula, genera una frecuente organización de trabajos en grupo en las titulaciones de la Facultade de Educación e Traballo Social. Esta circunstancia constituyó el punto de arranque para impulsar este proyecto de innovación docente que se centra en las metodologías activas y en situar al alumnado como protagonista del proceso, poniendo el foco en el aprendizaje, sobre el que se articula la práctica docente. En el marco de este proyecto de innovación docente, una de las acciones propuestas se centró en el AC, experiencia que se comparte en esta publicación.

Desde el inicio, el profesorado de la Facultade de Educación e Traballo Social mostró su buena predisposición para participar en el proyecto, de modo transversal en sus cuatro títulos de Grado. Al mismo tiempo, se recibió el apoyo institucional de la Universidade de Vigo y del Decanato de la Facultad. Todo ello nos permitió involucrarnos en un proyecto que favorece la formación del profesorado y del alumnado en metodologías activas y hacerlo desde el trabajo sistematizado a través de las mismas, buscando la generación de un mayor compromiso, implicación y participación en acciones conjuntas del equipo docente.

El profesorado de la Facultad lleva años empleando diferentes metodologías activas en sus propuestas docentes. Además, en los últimos tres años se han llevado a cabo distintas acciones formativas sobre metodologías que permitan ubicar al alumnado universitario en el centro de las propuestas educativas, trabajando de forma conjunta con sus compañeros. Si bien, haciendo autocrítica, observamos que algunas competencias desarrolladas a lo largo de los tres primeros cursos de los Grados, descubrimos que, al llegar a los Prácticum, parecen no estar afianzadas ni desarrolladas al nivel esperado. Este es el caso, entre otras, de las competencias más vinculadas con el trabajo en equipo.

En este sentido, coincidimos con Asún et al. (2019) o Scallon (2004) en que el trabajo en equipo ha sido una de las competencias genéricas que el profesorado universitario ha pretendido desarrollar con cierta asiduidad. Sin embargo, con frecuencia, no se ha tenido en cuenta el proceso y el aprendizaje de las habilidades necesarias de los y las estudiantes para conseguir una óptima cooperación. Como indicaba Zabalza (2012), "enseñar" una competencia y "emplear" las competencias son cosas distintas. Diversos autores (Sánchez-Elvira et al., 2010; Zabalza, 2012), han ayudado a operativizar la programación desglosando las competencias en subcompetencias, organizándolas a modo de mallas, diseñando actividades de asimilación y evaluación y analizando sus distintas lógicas internas para su secuenciación.

A esta laguna se une una de las líneas clave del *Programa de Desarrollo Estratégico* de la Facultad (Facultade de Educación e Traballo Social [FETS], 2023), que incide en la colaboración y coordinación del profesorado como un criterio establecido por el Sistema de Garantía Interna de Calidad. El citado Programa (aprobado el 15 de marzo de 2023), incluye la línea estratégica 2: *Promover una oferta de títulos asentada en la innovación docente y en las metodologías colaborativas y activas, en estrecha conexión con las entidades del entorno especializadas en la atención a la diversidad*. A esta línea le corresponde un objetivo de Calidad: promover la participación activa de todo el personal docente e investigador en proyectos de innovación docente de la Facultad.

Ante esta realidad, que busca establecer relaciones entre el profesorado, con el fin de construir un equipo docente cohesionado que sea modelo educativo de trabajo cooperativo y colaborativo, pusimos el foco en el AC como metodología vertebradora del proyecto. Compartir esta metodología como línea estratégica del Centro, facilitó la creación de escenarios de aprendizaje donde el alumnado tuviera un rol activo, así como la promoción de espacios de reflexión conjunta sobre la propia práctica docente.

Este proyecto de innovación docente supone un desafío a la naturaleza de la práctica pedagógica universitaria, basándose en el aprender juntos: profesorado-profesorado, alumnado-alumnado y profesorado-alumnado, de tal forma que todas las personas de un aula tienen oportunidad de participar, implicarse y contribuir con responsabilidad al proyecto educativo. Ello significa que tanto profesorado como alumnado tendrán voz en el proceso de evaluación de sus prácticas y del proyecto, lo que permitirá su mejora y aumentará la calidad de los procesos de enseñanza y aprendizaje. Asimismo, el hecho de que participen cuatro titulaciones distintas en el proyecto permite ir un paso más allá en dicho desafío pedagógico, al incorporar la interseccionalidad manifiesta entre todos los participantes de los cuatro títulos.

Crear culturas de colaboración y trabajo coordinado en los contextos educativos, como es el caso del proyecto que se presenta, es esencial para la innovación y la mejora de la institución (Marcelo, 2008). Ello obliga al profesorado a organizarse en equipos de trabajo, cohesionados y comprometidos, con una tarea común compartida, para formar a los futuros profesionales de la Educación y el Trabajo Social de Galicia. Este tipo de propuestas es fundamental para la formación de personas para una sociedad democrática, donde el diálogo es un componente principal (Freire, 1970).

El AC se basa en la interacción y cooperación del alumnado distribuido en equipos de trabajo, generalmente de composición heterogénea en rendimiento y habilidades (Luque et al., 2021). Por su parte, los grupos de equipo cooperativo se diferencian de los grupos de trabajo tradicionales en que el aprendizaje, en los primeros, se realiza de forma coordinada con la influencia mutua entre los integrantes de un equipo, para alcanzar una meta común en la que solo tiene cabida la consecución del aprendizaje de todos los miembros del equipo (Castillo y Suárez, 2020; Venet-Muñoz y Calvas-Ojeda, 2022).

Así pues, para dar respuesta a todo ello constituimos un equipo coordinador del proyecto de innovación con presencia de profesorado de las cuatro titulaciones y en el que también contamos con presencia de alumnado. Este equipo pilotó y diseñó el proyecto de innovación y entendió que existía la necesidad de profundizar en la formación que el profesorado tenía para la aplicación de metodologías activas. Concretamente, basado en lo expuesto anteriormente, se decidió que disponer de formación específica en AC posibilitaría avanzar de forma decidida en un mejor desarrollo de las habilidades necesarias para el trabajo en equipo por parte del alumnado, así como también facilitaría la apertura de nuevos espacios de colaboración entre el propio profesorado de las diferentes titulaciones.

Decidida la estrategia a adoptar se convocó a todo el profesorado del centro a una primera sesión abierta respecto al *Programa CA/AC: Cooperar para Aprender/Aprender a Cooperar*, en la que quedó patente que una mayoría del profesorado presente estaba dispuesto a involucrarse en el proyecto. La disposición a participar permitió iniciar el programa en los tres primeros cursos de los Grados de Educación Infantil y Educación Primaria, así como en primer y tercer curso del Grado en Educación Social y en el segundo curso del Grado en Trabajo Social.

Ante la ambición de un programa formativo de 2 años de duración, desde el equipo coordinador se apostó por conocer las impresiones del alumnado de las diferentes asignaturas en las que el programa se puso en marcha. La consulta se llevó a cabo al finalizar el primer cuatrimestre y la participación del alumnado fue voluntaria (n = 229). Ante las preguntas planteadas, debían elegir la opción más representativa según su percepción en una escala Likert con estas posibilidades: nada, algo, mucho.

De sus respuestas se desprende que, en cuatro meses, la inclusión del AC contribuyó mucho al desarrollo de habilidades para el trabajo en equipo (74,7%), para la gestión de relaciones interpersonales (59,8%), para la resolución de conflictos y toma de decisiones (59%) y para la organización y planificación del trabajo (54,6%). Al mismo tiempo, el AC contribuyó algo al desarrollo del liderazgo (64,2%) y de competencias digitales (58,5%). Mientras tanto, la gestión de información (algo 51,1%; mucho 47,6%), el aprendizaje autónomo (algo 51,1%; mucho 44,1%) y el compromiso ético (algo 44,6%; mucho 49,3%) mostraron resultados más próximos entre sí, si bien en todos ellos el AC ha contribuido a su desarrollo en este período.

Asimismo, en este primer acercamiento al impacto del AC sobre el desarrollo de las competencias del alumnado, cabe destacar que 26 estudiantes señalaron que el AC no contribuyó nada a desarrollar su capacidad de liderazgo (11,4%) y que 24 estudiantes indicaron lo mismo respecto al desarrollo de su competencia digital (10,5%).

En definitiva, a lo largo de esta obra se presenta el trabajo realizado en el seno del Proyecto de Innovación Docente de la FETS durante su primer año, con la intención de contribuir al desarrollo de propuestas de Aprendizaje Cooperativo en el ámbito de la docencia universitaria.

Para ello, comenzamos con un capítulo teórico introductorio sobre el AC y el Programa CA/AC: Cooperar para Aprender/Aprender a Cooperar (Pujolàs y Lago, 2018). A continuación, se presentan tres experiencias del *Ámbito A*, destinado a la cohesión de grupo, una fase esencial para poder emprender prácticas de AC en las aulas. Concretamente, se recoge la implementación de *La pelota, El blanco y la diana* y el *Mundo de colores*. Acto seguido, se presentan las experiencias del *Ámbito B*, donde el trabajo en equipo es el recurso para el aprendizaje. En este apartado se recogen hasta seis estructuras cooperativas básicas simples diferentes que han sido implementadas en el transcurso del proyecto. Finalmente, se cierra el libro con un capítulo sobre el *Ámbito C*, enfocado en el trabajo en equipo como un contenido a abordar también desde la docencia universitaria.

I

El Aprendizaje Cooperativo en la Universidad

Juan Luis Rodríguez-Rodríguez
José Ramón Lago-Martínez

La creación del Espacio Europeo de Educación Superior (EEES), conocido como el Proceso de Bolonia (2010), apostó por una formación universitaria europea centrada en la adquisición de competencias, entendidas estas como el conjunto de conocimientos, destrezas, capacidades y valores. Este enfoque da un mayor protagonismo al alumnado y ha requerido de cambios metodológicos del personal docente universitario como diseñador de estructuras de actividades de enseñanza-aprendizaje que, a su vez, son evaluadas de formas variadas.

Una interesante tipología de competencias basada en el proyecto Tuning (2006) es la recogida en el trabajo de Crespí (2019), que las clasifica en dos tipos: las técnicas o específicas (propias de una asignatura o titulación) y las transversales o genéricas (comunes a distintas asignaturas o titulaciones). Estas últimas necesarias para la vida en general y para la vida laboral en especial.

Para el desarrollo de algunas de las competencias profesionales encontramos como instrumento idóneo las actividades de aprendizaje a través de estructuras cooperativas. Especialmente las competencias transversales o genéricas como el liderazgo, la capacidad de emitir juicios, la planificación, la iniciativa, la capacidad comunicativa, la gestión de equipos de trabajo... De hecho, varias de las competencias profesionales no podrían desarrollarse propiamente a través de estructuras individualistas o competitivas. Además, la capacidad de trabajar de forma cooperativa ya es en sí una competencia genérica que demanda la sociedad.

Aprendizaje Cooperativo y competencias genéricas

El trabajo cooperativo como competencia genérica se debe desarrollar en cualquier titulación, pero cabe destacar su peso en la rama de las ciencias sociales y en aquellos trabajos interdisciplinares donde diferentes profesionales se tienen que coordinar y cooperar para dar respuesta a un problema. Podemos ejemplificarla con el caso de la labor docente. El profesorado trabaja colegiadamente de forma coordinada con compañeros de nivel, de ciclo, de etapa y de centro en el claustro o en equipos de trabajo. Los docentes resuelven conflictos de convivencia, realizan tareas de planificación docente, organizan actividades complementarias y tareas burocráticas administrativas, entre otras muchas. Podrán desarrollarlas de forma individualista (cada uno a lo suyo), de forma competitiva (a ver quién lo hace mejor) o de forma cooperativa (buscando en equipo el mejor resultado conjunto). Los equipos docentes que realizan sus tareas cooperativamente tienen más éxito que aquellos que trabajan competitivamente o de forma individualista (Medina-Bustamante, 2021), además de que facilitan un buen clima de trabajo, al fomentar la cohesión de la comunidad educativa.

Otro ejemplo sería el trabajo multidisciplinar en un servicio de menores, donde diversas disciplinas (Psicología, Educación Social, Trabajo Social…) realizan intervenciones coordinadas y dan respuesta a situaciones en la mayor brevedad posible, cooperando desde diferentes perspectivas para alcanzar de forma conjunta la meta propuesta, en este caso el bienestar del menor.

En este capítulo vamos a hablar del AC como metodología activa para la adquisición de competencias genéricas y específicas en diferentes titulaciones, así como el AC como competencia genérica en sí misma.

En la última década se han realizado numerosas investigaciones sobre la relación positiva entre el AC y las competencias genéricas que desarrolla el estudiantado universitario. Carbajal (2017) establece una relación entre las competencias genéricas y las variables: interdependencia positiva, responsabilidad individual y grupal, interacción estimuladora y las técnicas interpersonales del equipo. Melgarejo y Félix (2021) concluyen que el AC permite desarrollar la formación docente por competencias a nivel cognitivo, intrapersonal e interpersonal. Este último aspecto, el desarrollo de habilidades emocionales y sociales, cuenta con mayor producción científica que destaca su influencia en el desarrollo de competencias vinculadas a la sensibilidad social, la resolución de conflictos, la empatía hacia los demás, el respeto por las opiniones ajenas y, en definitiva, la aceptación de la diversidad (Azorín, 2018; Estrada et al., 2016; León del Barco et al, 2017). Además de garantizar un aprendizaje óptimo de la materia correspondiente (Mendo et al., 2022).

Con el AC se perfeccionan las competencias profesionales, emocionales y sociales (Johnson y Johnson, 2014), competencias fundamentales en los diferentes ámbitos vitales. Además, durante este proceso, se trabajan y asimilan también los contenidos curriculares. En este sentido, numerosas investigaciones muestran la eficacia en cuanto al desarrollo socioemocional (Domingo, 2010; Salmerón, 2010).

Poner en práctica esta metodología para que resulte exitosa requiere que el alumnado aprenda a cooperar (Pujolàs, 2009, 2012; Pujolàs y Lago, 2011) y para lograrlo debe realizarse un entrenamiento en la autorregulación del desempeño de las actividades propuestas por el docente, lo que conlleva una mejora en las habilidades socioemocionales, aspecto que trataremos en otro capítulo.

Conceptualización del Aprendizaje Cooperativo

El AC es una metodología con mucha historia que se ha ido matizando con el tiempo. Se pueden situar los antecedentes en Sócrates o Platón, otros autores los sitúan tras las aportaciones psicológicas de los trabajos de Piaget y Vygotsky, que manifiestan que en la cooperación entre iguales se produce un conflicto sociocognitivo que crea desequilibrio y este favorece el desarrollo cognitivo. Pero es a partir de los años 70 cuando el término "aprendizaje cooperativo" explota en la literatura científica (Rue, 1998), especialmente en los Estados Unidos, demostrando el valor educativo de la relación alumnado/alumnado (Serrano y Calvo, 1994). Investigadores como los hermanos David y Roger Johnson, Elliott Aronson, Robert Slavin o Kagan, por citar algunos (Pujolàs, 2004), reavivaron el interés por el AC.

Johnson et al. (1999) definen el AC como una metodología que utiliza el "empleo didáctico de grupos reducidos, normalmente heterogéneos, en el que el alumnado trabaja conjuntamente para alcanzar metas comunes, maximizando su propio aprendizaje y el de los demás miembros" (p. 5). Para que se produzca dicho aprendizaje se deben dar dos principios: la interdependencia positiva y la responsabilidad individual.

Posteriormente, Spencer Kagan (1999) matiza ambos principios y los amplía con dos nuevos: la participación igualitaria y la interacción simultánea, configurando los cuatro principios básicos del AC:

1. La *interdependencia positiva* hace referencia a que cada miembro del equipo base sea consciente y se esfuerce para alcanzar una meta común, asumiendo los objetivos como equipo. Solo habrá éxito si todos los miembros del equipo tienen éxito. Los logros individuales dependen de los logros de los demás miembros del equipo.
2. Cada miembro del equipo será responsable de una parte del trabajo asignado (*responsabilidad individual*). El éxito del equipo dependerá, en parte, del trabajo individual realizado.

Con estos dos primeros principios podemos concluir que cada miembro del equipo cooperativo tiene una doble responsabilidad: su propio aprendizaje y la contribución al aprendizaje de sus compañeros y compañeras de equipo (Pujolàs et al., 2013).

3. Hay que garantizar que todos los miembros del grupo *participen equitativamente*, evitando que algún miembro apenas participe o que otro acapare la actividad. Por ello, es fundamental que las actividades de enseñanza y aprendizaje estén bien estructuradas, favoreciendo dicha participación igualitaria (como, por ejemplo, las estructuras cooperativas de Kagan o Slavin, entre otros).
4. Los miembros del grupo deben *interaccionar simultáneamente*, por ello es importante el número de miembros del grupo base. Aunque en la mayoría de la literatura se establecen grupos de 3 a 5 miembros, no obstante, en términos de interacción simultánea, se considera apropiado un equipo base de 4 estudiantes.

Teniendo en cuenta las aportaciones de Johnson et al. (1999) y Kagan (1999), Pujolàs y Lago (2011) definen el AC como:

> El uso didáctico de equipos reducidos de alumnos, generalmente de composición heterogénea en rendimiento y capacidad, aunque ocasionalmente pueden ser más homogéneos, utilizando una estructura de la actividad tal que asegure al máximo la participación equitativa (para que todos los miembros del equipo tengan las mismas oportunidades de participar) y potencie al máximo la interacción simultánea entre ellos, con la finalidad de que todos los miembros de un equipo aprendan los contenidos propuestos, cada uno hasta el máximo de sus posibilidades y aprendan, además, a trabajar en equipo (p. 19).

El aprendizaje cooperativo *vs* el aprendizaje colaborativo

Tanto en la literatura como en la legislación educativa, habitualmente, se utilizan los términos aprendizaje colaborativo y aprendizaje cooperativo como sinónimos, pero vamos a resaltar una de las diferencias relevantes que se ha tenido en cuenta en el desarrollo de este proyecto.

La *colaboración* implica trabajar juntos, es decir, que un grupo se proponga alcanzar una meta. La *cooperación*, desde el punto de vista etimológico, añade a la colaboración "un plus de solidaridad, de ayuda mutua, de generosidad, que hace que la relación que se establece entre los miembros de un equipo que llega a ser cooperativo sea mucho más profunda a nivel afectivo" (Pujolàs y Lago, 2011, p. 24). Implica un aspecto afectivo de interés mutuo, ayuda y servicio entre los miembros del equipo, favoreciendo la inclusión de alumnado diverso. Este componente afectivo facilita el proceso de adaptación del estudiantado a la nueva etapa educativa.

El Programa "Cooperar para Aprender/ Aprender a Cooperar (CA/AC)"

A partir de la reforma educativa de los años noventa, el GRAD (Grupo de Investigación en Atención a la Diversidad, Universitat de VIC-UCC), inicia algunas experiencias de formación en centros de educación infantil y primaria sobre diferentes estrategias de atención a la diversidad, en las que el AC ocupa un lugar central. En este contexto, y a través de tres proyectos de investigación[1], se elabora y desarrolla el Programa "Cooperar para Aprender/Aprender a Cooperar" (CA/AC), una estrategia orientada a la inclusión educativa en los centros (Pujolàs et al., 2013). Los referentes teóricos de esta propuesta son modelos elaborados por Johnson y Johnson (2016) sobre el uso educativo de los equipos cooperativos, en los que el estudiantado trabaja junto para

---

[1] Proyecto PAC-1: Programa Didáctico inclusivo para atender en el aula al alumnado con necesidades educativas diversas. Una investigación evaluativa (Referencia: SEJ2006-01495/EDUC).

Proyecto PAC-2: Estudio de casos sobre el desarrollo y el proceso de asesoramiento del programa de apoyos educativos inclusivos del Proyecto PAC (Referencia: EDU-2010-19140).

Proyecto: Claves para el aprendizaje en equipos cooperativos como estrategia para la cohesión social, la inclusión y la equidad (Referencia: EDU2015-66856-R).

maximizar su propio aprendizaje y el de los demás; las estrategias educativas cooperativas propuestas por Kagan y Kagan (2009) y los métodos de enseñanza ideados por Slavin (2012).

Desde esta perspectiva, para entender este programa, es imprescindible tener presentes los principios desde los que ha sido elaborado:

- La mejor manera de favorecer aulas inclusivas en las que alumnado muy diverso pueda aprender junto, estructurando en ellas el aprendizaje de forma cooperativa.
- No puede haber propiamente cooperación en un aula, si esta no es inclusiva.
- Difícilmente se pueden practicar y, por lo tanto, desarrollar algunas competencias básicas, por no decir todas, si el alumnado no tiene la oportunidad de trabajar junto, en equipo, dentro de la clase y de forma continuada.

A partir de estos principios, se considera que los miembros de un equipo de AC tienen una doble responsabilidad: aprender y contribuir al aprendizaje del resto del equipo. Y de manera paralela, los equipos de AC tienen una doble finalidad: trabajar los contenidos curriculares y desarrollar la habilidad de trabajar en equipo, es decir, cooperar para aprender y aprender a cooperar.

Los recursos didácticos que nos permiten avanzar en dicha dirección configuran, a propuesta del autor (Pujolàs, 2009a; Pujolàs y Lago, 2011), **tres Ámbitos** de intervención.

- El **Ámbito A** incluye todas las actuaciones vinculadas a la cohesión del grupo-clase en general y de los equipos en particular.
- El **Ámbito B** abarca las actuaciones caracterizadas por la utilización de los equipos como recurso para que el alumnado aprenda cooperando.
- El **Ámbito C** incluye todas las actuaciones destinadas a que el alumnado aprenda a cooperar en equipo.

Ámbito de intervención A: Cohesión de grupo para crear Equipos Cooperativos

Para introducir el AC en un aula y en un centro conviene ir creando las condiciones óptimas para que el grupo-clase esté cada vez más dispuesto a aprender en equipo y a ayudarse a aprender. La propuesta incluye un conjunto de actuaciones relacionadas con crear un clima o ambiente de aula más saludable y favorable a la cooperación, la ayuda mutua y la solidaridad en el aprendizaje. De este modo, de manera progresiva, el alumnado toma conciencia de pertenencia a una comunidad, emocional y cognitiva, imprescindible para la armonía, la equidad y la inclusión en el aula (Tharp et al., 2002).

Los recursos para conseguir este ambiente favorable al AC son las dinámicas de cohesión que permiten, además, promover una visión del trabajo en equipo como oportunidad para el desarrollo cognitivo, social y afectivo de todo el alumnado. Estas finalidades concuerdan con el modelo de Slavin (1995), donde la cohesión se retroalimenta con las metas de equipo y con la propuesta de Ashman y Gillies (2013) sobre la necesidad de enseñar habilidades sociales al alumnado para que pueda aprovechar las situaciones de AC.

Consta de una serie de actuaciones que el profesorado puede implementar en su aula para que su grupo esté cada vez más cohesionado. Estas actuaciones responden a cuatro dimensiones distintas:

1. La participación del alumnado y la toma de decisiones consensuada.
2. El conocimiento mutuo y las relaciones positivas y de amistad entre todo el alumnado.
3. La disposición para el trabajo en equipo y la consideración de este como algo importante en la sociedad actual y más eficaz que el trabajo individual.
4. La disposición para la solidaridad, la ayuda mutua, el respeto a las diferencias y la convivencia.

Con relación a este ámbito, el Programa ofrece al profesorado una serie de actividades de reflexión y dinámicas de grupo que pueden serle útiles para trabajar con los estudiantes, empezando, lógicamente, por aquella que en la reflexión y análisis sobre la cohesión de un grupo de alumnos determinado se ha considerado más urgente trabajar.

En cuanto a la constitución de los equipos cooperativos, a partir de estas propuestas de cohesión se trata de crear equipos heterogéneos formados por estudiantes. Entendemos que los equipos deben ser heterogéneos en competencias cognitivas, emocionales y sociales. Por tanto, en cada uno de los equipos del grupo clase debe haber uno de los estudiantes más capaces de ayudar al resto de los compañeros, y uno de los estudiantes del grupo clase con más necesidad de ayuda. Los otros dos componentes deben equilibrar las competencias de los anteriores y deben ser aquellos mejor preparados para ejercer la mediación entre los otros compañeros del equipo.

Ámbito de Intervención B: Aprender en equipo a través de Estructuras Cooperativas

En este Ámbito B se trata de, una vez constituidos los equipos, ir utilizando, de una forma cada vez más generalizada, estructuras de la actividad cooperativas (simples y complejas) que regulen el trabajo en equipo, para que el alumnado aprenda de forma conjunta y para ayudarse a aprender.

Abarca las actuaciones dirigidas a utilizar el trabajo en equipo como recurso para que el alumnado aprenda cooperando. Las estructuras modelan y guían la interacción entre estudiantes (Guilles y Boyle, 2010; Webb, 2009) y permiten garantizar las condiciones indispensables para el trabajo en equipo: interdependencia positiva, responsabilidad individual, participación equitativa e interacción simultánea (Kagan y Kagan, 2009). A través de las estructuras cooperativas se distribuye la influencia educativa del profesorado. Las estructuras pueden ser simples o complejas. Las segundas integran a las primeras y toman como modelo de referencia propuestas como las de Slavin (1995).

El alumnado puede trabajar en equipo de una forma desestructurada o más o menos estructurada. Si trabaja de forma desestructurada, generalmente un miembro del equipo (el más competente) toma la iniciativa y el resto se limita a "copiar" lo que él hace o dice. Si es así, no se dan dos de las condiciones indispensables del trabajo en equipo (Kagan y Kagan, 2009): la *participación equitativa* y la *interacción simultánea*. En cambio, trabajan en equipo de forma semiestructurada cuando se reparten el trabajo a realizar, pero no discuten ni revisan lo que ha producido cada uno, dándolo por bueno: en este caso habrá habido una cierta participación, más o menos equitativa, pero no se habrá dado ni una mínima interacción simultánea.

Para que el trabajo en equipo sea estructurado —es decir, para que haya realmente participación equitativa e interacción simultánea— los miembros de un equipo deben seguir unos determinados pasos —la acción que llevan a cabo debe seguir una determinada estructura— de modo que se aseguren en lo posible estas dos condiciones.

Con relación a este ámbito, el programa ofrece al profesorado un conjunto de estructuras y técnicas cooperativas, es decir, de formas distintas, más o menos complejas, de estructurar la actividad de los estudiantes que propician la participación equitativa y estimulan la interacción simultánea dentro de un equipo.

En el contexto universitario estas estructuras se realizan con el apoyo de herramientas de trabajo virtual en red, como el Moodle. Una de las estructuras es el *1-2-4* para tomar una decisión sobre un conjunto de características de un hecho, pedimos primero que las piensen y las escriban cada uno de los componentes, después que lo compartan en parejas dentro del equipo y, finalmente, uno de los miembros de la pareja, con el otro miembro, elaboran la síntesis mientras los otros dos escuchan. Cuando la primera propuesta está elaborada, intervienen los que habían escuchado hasta ahora. Se repite el ciclo hasta que se considera que la respuesta representa al equipo.

Ámbito de Intervención C: Aprender a Cooperar en Equipo

Cuando proponemos al alumnado que trabaje en equipo aparecen un sinfín de problemas que dificultan enormemente el trabajo en común y reducen muy considerablemente su eficacia o la anulan del todo y reflejan la necesidad de enseñarles a trabajar en equipo, puesto que se constata que no saben hacerlo: ayudarles a organizarse y funcionar mejor para ir detectando lo que no hacen bien como equipo, e ir mejorando su organización y su funcionamiento, fijándose objetivos de mejora que periódicamente irán revisando.

Se trata de enseñar al alumnado las habilidades necesarias para gestionar, de manera cada vez más autónoma y autorregulada, el aprendizaje en equipos cooperativos. Esto se consigue ayudándoles a generar una conciencia de equipo y proporcionándoles las herramientas necesarias para planificar, supervisar y evaluar su progreso individual y conjunto. El instrumento que permite lograr dichos fines son los *Planes de equipo* en los que se incluyen: rasgos de identidad, objetivos, roles y compromisos personales. Los Planes de Equipo son evaluados periódicamente con la finalidad de identificar mejoras. Esta evaluación continua permite responder a uno de los retos principales del AC: la evaluación formativa del alumnado (Gilles y Boyle, 2010; Johnson y Johnson, 2014).

El Aprendizaje Cooperativo como favorecedor de la adaptación

Según los últimos datos publicados por el Ministerio de Universidades (Fernández-Mellizo, 2022), el 33,2% del estudiantado de nuevo ingreso en España, en el curso 2015-2016 abandonaron el Grado en el que estaba matriculado. De ellos, el 12,4% cambian de Grado (abandono transitorio) y un 20,8% abandonan de forma definitiva, porcentajes muy elevados que resultan preocupantes.

Para Tinto (1993), el abandono es resultado tanto de la interacción de las variables individuales como institucionales, especialmente en la transición y adaptación al sistema universitario. Si no hay una buena adaptación personal y social, así como la adaptación al estudio (Almeida et al., 2000; Denis et al., 2019, Rodríguez et al., 2017; Santos y Almeida, 2001), hay una mayor probabilidad de abandono. En este sentido, es muy importante lo que sucede el primer año de vida universitaria, especialmente el primer cuatrimestre.

Las metodologías docentes que fomentan la inclusión, como el AC, son las más idóneas para el aprendizaje y la reducción del abandono universitario. Por un lado, evitan sentimientos negativos o de fracaso escolar y, por otro, fomentan la inclusión y adaptación en un grupo nuevo que, en muchas ocasiones, está alejado de su entorno familiar y de amistades previas, lo que promueve el establecimiento de nuevas relaciones interpersonales. El alumnado, cuando aprende a ser cooperativo, desarrolla competencias sociales y afectivas que ayudan en el proceso de adaptación personal y facilita la adaptación de sus iguales.

Concluimos, por tanto, que el AC es una metodología potente para el desarrollo de competencias, entre las que destacamos las sociales y afectivas, que fomentan la inclusión y la pertenencia al grupo.

2

Ámbito A. La cohesión de grupo: Dinámicas para fomentar la participación y el conocimiento mutuo. Los Equipos Cooperativos

Nazaret Blanco-Pardo
María Victoria Carrera-Fernández

Una aproximación conceptual hacia el Aprendizaje Cooperativo

El AC es una metodología de enseñanza-aprendizaje que se emplea, actualmente, en diferentes etapas de la enseñanza, desde la educación infantil hasta la educación superior. Esta metodología surge a partir de las premisas de la Escuela Nueva (Barragan-Arias y Arias-Ortiz, 2018), movimiento pedagógico iniciado a mediados del siglo XIX con el objetivo de transformar el sistema educativo, centrándose en el desarrollo integral de las capacidades del alumnado y situándolo en el centro de sus aprendizajes, de tal manera que el alumnado adopte un papel activo y el profesorado un rol de guía (Ortiz, 2011). La metodología de AC pretende dar un paso más, impulsando no solo una transformación a nivel individual, sino también a nivel social (Barragan-Arias y Arias-Ortiz, 2018).

En esta línea, tal como se afirma en el capítulo sobre el AC en la universidad, esta metodología permite superar el método tradicional competitivo e individualista, en el que un alumno o alumna podía alcanzar metas de forma independiente al resto de sus compañeros y compañeras (Luque et al., 2021).

En estos términos, la metodología de AC se caracteriza por una serie de elementos básicos (Espinoza et al., 2020; Marín, 2002; Oberto, 2014), señalados en el capítulo previo: una interdependencia positiva, la responsabilidad individual y colectiva, una interacción estimuladora cara a cara, habilidades sociales y la existencia de una evaluación del equipo. Por lo tanto, en la metodología de AC, el alumnado, distribuido en equipos, tiene un papel activo en la construcción del conocimiento, mediante la indagación, la discusión, el debate, la reflexión y la negociación intergrupal (Espinoza et al., 2020). De este modo, se adquieren aprendizajes significativos y útiles, en los que la teoría se aplica a la práctica (Castillo y Suárez, 2020) y, de forma simultánea, se desarrollan habilidades y capacidades profesionales y sociales (Espinoza et al., 2020).

Además, según Venet-Muñoz y Calvas-Ojeda (2022), esta metodología también fomenta valores como la tolerancia, el respeto, el diálogo, la igualdad, la capacidad de reflexión y la conciencia crítica, permitiendo al alumnado adquirir un aprendizaje integral que abarca los cuatro pilares de la educación recogidos en el informe Delors (1996): aprender a conocer, aprender a hacer, aprender a ser y aprender a convivir.

Importancia de la cohesión grupal en el Aprendizaje Cooperativo

A la hora de desarrollar la metodología de Aprendizaje Cooperativo en el aula, se deben seguir una serie de fases. Diferentes autoras coinciden en que la primera fase debe promover la cohesión grupal dentro de los diferentes equipos (Azorín, 2018; Pliego, 2011), ya que una buena relación entre los miembros de cada grupo es primordial para que se establezca una interdependencia positiva entre los mismos y lleven a cabo estrategias de ayuda mutua (Azorín, 2018; Oberto, 2014).

En esta línea, Torralbas y Batista (2020) destacan que existe una relación positiva entre la cohesión grupal y el desempeño de la tarea del grupo, puesto que los mayores niveles de cohesión grupal en un equipo también indican mayores niveles de empatía y confianza entre sus miembros y, en definitiva, que cuenten con las herramientas necesarias para enfrentar de forma positiva los conflictos e imprevistos que surjan en el proceso de aprendizaje. Asimismo, Fernández (2021) indica que los miembros de un grupo cohesionado experimentarán un menor nivel de tensión y ansiedad, presentando mayor rendimiento, perseverancia, motivación y actitud positiva hacia el aprendizaje.

El trabajo en la cohesión grupal también promueve actitudes de tolerancia, empatía, aceptación y valoración de la diferencia entre el alumnado (Torralbas y Batista, 2020). En esta línea, Marín (2002) señala que el AC favorece el contacto entre el alumnado, mejora las relaciones sociales y favorece la amistad entre compañeros y compañeras, así como el respeto mutuo, las actitudes solidarias y democráticas o el desarrollo de conductas prosociales. En efecto, la heterogeneidad dentro del grupo permite que cada individualidad personal sume y enriquezca el proceso y resultado final del aprendizaje (Oberto, 2014). La aceptación y valoración de la diferencia no solo mejora el clima y la cohesión grupal, sino que también facilita las relaciones interpersonales y reduce los sentimientos de aislamiento y rechazo, con lo que se incrementan los sentimientos de bienestar psicológico y la felicidad (Ovejero, 2013).

Tal y como se puede ver, los beneficios de la cohesión grupal son múltiples y, para potenciarla en los equipos de trabajo cooperativo, el profesorado debe realizar un análisis profundo del grupo, tanto al inicio de las materias como durante su desarrollo. Según Pujolàs y Lago (2018) se deben identificar aspectos como los puntos débiles y fuertes de cada equipo, el clima del aula, la relación entre el alumnado, la implicación, el respeto, la solidaridad, etc. Ambos autores también destacan la importancia de trabajar la cohesión de los grupos en diferentes momentos a lo largo de la materia, adaptándonos a las necesidades que puedan surgir en cada equipo de trabajo o, en general, en el grupo clase, como, por ejemplo, tras un conflicto o una situación extraordinaria (Pujolàs y Lago, 2018).

Las diferentes dinámicas de cohesión grupal que se pueden emplear y sus usos

En función de la dimensión concreta que se quiere trabajar en el proceso de cohesión de un grupo, se pueden emplear diferentes tipos de dinámicas. Siguiendo a autores y autoras como Fernández-Río (2017), Pliego (2011) Pujolàs y Lago (2018) y Vilarrasa (2015), se presenta la siguiente clasificación:

1. *Dinámicas de iniciación en el debate*: con ellas se impulsa la interacción entre el alumnado, el intercambio de ideas, el debate y la toma de decisiones. Algunos ejemplos de estas actividades son: *El grupo nominal, Opiniones enfrentadas* o *La bola de nieve*.
2. *Dinámicas de conocimiento*: a través de estas dinámicas se fomenta, de forma lúdica, la interacción entre el alumnado, las relaciones positivas y el conocimiento, tanto a nivel intrapersonal como intergrupal. Algunas dinámicas de conocimiento son: *La maleta, La pelota, Os presento una amistad, La telaraña, El blanco y la diana, Parejas, Dibujar la cara con las letras del nombre, Saludo* o *Cadena de nombres*.

3. *Dinámicas de inclusión*: estas se emplean para fomentar la inclusión de algún compañero o compañera en el grupo. Destacan algunas como: *Comisión de apoyo, Círculos de amistades* o *Contratos de colaboración*.

4. *Dinámicas sobre la importancia de trabajar en equipo*: el objetivo de estas dinámicas es mostrar al alumnado los beneficios de trabajar en grupos cooperativos de forma adecuada. Algunos ejemplos son: *El equipo de Manuel, La Nasa* o *Tengo que decidirme*.

5. *Dinámicas de sensibilización*: a través de estas dinámicas se fomenta en el alumnado la empatía y la disposición hacia la solidaridad y la ayuda mutua. Algunos ejemplos de estas dinámicas son: *Cooperamos cuando..., Pescar con las manos, Cruzar el río* o *Mundo de colores*.

Ámbito de intervención A

2.1. La pelota

Mónica Rodríguez-Enríquez
Olalla García-Fuentes
Manuela Raposo-Rivas

De dónde partimos

La pelota es una de las posibles estrategias a utilizar para fomentar el AC. Atendiendo a Pujolàs y Lago (2011) esta dinámica se define como un juego, cuya finalidad es que el alumnado se conozca y aprenda el nombre de todos sus compañeros y compañeras. Para ello, se propone la creación de un gran círculo en el aula, o en un espacio abierto, y se distribuyen los estudiantes en torno a él. En el punto central del círculo se coloca un alumno o alumna que en voz alta verbaliza su nombre, a continuación, debe decir el nombre de una compañera o compañero del aula a quien debe pasar la pelota y este, automáticamente, pasa a sentarse dentro del círculo. Por ejemplo: "me llamo Laura (en el centro del círculo) y paso la pelota a Mario (en la circunferencia)" y Mario se cambia de lugar. En el supuesto de que la persona situada en el centro desconozca el nombre de las demás, debe ir pronunciando nombres hasta que acierte alguno. Esta operación se repite hasta que todo el alumnado está dentro del círculo.

Esta dinámica puede realizarse de manera reiterada en días sucesivos, con la finalidad de que el alumnado tarde cada vez menos tiempo en llevarla a cabo, lo que indicará que cada vez conocen más nombres de sus compañeros y compañeras.

Una variante de esta dinámica es aquella en la que todos y todas están distribuidos en la circunferencia, sin que exista un personaje central. Comienza una persona con la pelota en la mano diciendo su nombre y la lanza a otra. Esta cuando recibe la pelota se presenta y la lanza a otro compañero o compañera. Así, la pelota debe ir pasando de unos a otros para que todos puedan presentarse. En este caso, el docente debe supervisar que todos hayan participado y los alumnos y alumnas deben prestar atención a no enviar la pelota a una persona que ya ha dicho su nombre.

Al mismo tiempo, el recurso que se lanza puede variar: una pelota, una bola de papel, un peluche, un ovillo de lana... La utilización del ovillo en esta dinámica presenta una estética muy icónica ya que permite obtener una visión de la complejidad de redes de relación que pueden establecerse en el aula.

Como afirman Tomás y Eso (2009) este tipo de dinámicas son adecuadas para trabajar las estructuras informales de los grupos, la comunicación, la aceptación y, sobre todo, el inicio de relaciones respetuosas y asertivas entre todas las personas que conforman un grupo. Por su parte, Pujolàs (2009a) indica que estas dinámicas posibilitan que, poco a poco, el alumnado tome conciencia del grupo y se convierta en una pequeña comunidad de aprendizaje. Fuentesal y Pastor (2019) consideran que también fomentan la convivencia.

Desde nuestro punto de vista, además se facilita el vínculo a través del *enganche (engagement)* comportamental y emocional, al manifestarse una mayor participación y mejores relaciones personales o estados de ánimo por sentirse parte del conjunto (Fernández-Menor, 2023). Asimismo, se desarrolla el sentimiento de *pertenencia al grupo,* entendido como el grado en que los y las estudiantes se sienten personalmente aceptados, respetados, incluidos y apoyados por otros en el ambiente académico (Goodenow, 1993, cit. en Fernández-Menor, 2023). Cuando alguien siente que forma parte de algo, despliega un conjunto de acciones y actitudes diferentes a cuando no se siente así (Carrasco y Luzón, 2019). De este modo, según los citados autores, cuando el vínculo es fortalecido, se incrementa la satisfacción y el compromiso y se disminuye el abandono, el fracaso y los problemas de convivencia.

Qué planificamos

La dinámica fue llevada a cabo durante la primera semana de clase con estudiantes de primer curso del Grado en Educación Primaria. Buena parte del alumnado provenía de otras provincias de Galicia o de otras zonas de España, por lo que el conocimiento previo entre integrantes era escaso. La mayoría no estaban tampoco familiarizados con la ciudad que los acogerá en los próximos años. En muchos casos, era es su primera experiencia fuera del domicilio familiar, constituyendo una época de cambio y de creación de nuevas relaciones.

Se planificó esta dinámica con el objetivo de favorecer el conocimiento mutuo. Pudiendo descubrir afinidades e incrementar las posibilidades de crear vínculos y relaciones sociales que favoreciesen la inclusión de todo el alumnado. Se consideró, además, que la dinámica de *La pelota* permitiría recoger información útil para crear posteriormente grupos de trabajo cooperativo equilibrados.

El grupo-clase de 83 estudiantes estuvo compuesto en su mayoría, como es habitual en este grado, por mujeres. Salvo contadas excepciones, las edades estaban entre los 17 y 21 años. Uno de los alumnos estaba adscrito al programa PIUNE (Programa de Integración de Universitarios/as con Necesidades Específicas de apoyo Educativo). Este grupo clase se divide, para la realización de prácticas o seminarios, en dos o en seis subgrupos, según el Plan de Ordenación Docente de cada asignatura. La dinámica de *La pelota* se realizó en dos grupos, una vez con cada una de las mitades, en horas diferentes, acordes a los horarios oficiales de clase.

El aula disponible contaba con una distribución tradicional en filas, es decir, con mesas y sillas del alumnado orientadas unidireccionalmente hacia la pizarra, sin posibilidad de moverlas para distribuir el aula de otra manera, al estar fijadas entre ellas. El aula luminosa y con capacidad para unos 50 alumnos no disponía, sin embargo, de espacio suficiente para posicionar al estudiantado en un círculo perfecto, por lo que la disposición fue de forma un tanto irregular, aunque todos se podían ver las caras.

Cómo lo hicimos

Los 41 integrantes del primer grupo entraron en el aula, y se les indicó que podían sentarse según su preferencia. Si bien, se les pidió que moviesen las sillas de modo que lograsen ver al mayor número de compañeras y compañeros posible. Tras una breve presentación de la docente y la materia, se les explicó que en la Facultade de Educación e Traballo Social de la Universidade de Vigo estábamos iniciando un Proyecto de Innovación Docente en el que estaríamos implicados durante todo el curso académico. A continuación, se les preguntó "¿A qué os suena AC?". Las respuestas estuvieron relacionadas mayoritariamente con cuestiones como el "trabajo en grupo" y la "colaboración por igual".

Partiendo de estos conocimientos activados se les explicó que el AC es un "conjunto de actuaciones dirigidas a enseñar y mejorar las competencias del alumnado para trabajar en equipo", y que "tiene múltiples ventajas como: la adaptación a las necesidades específicas de todas las personas, la mejora de las habilidades sociales, el fomento del aprendizaje significativo, del pensamiento crítico y de la motivación por el aprendizaje".

Además, se les informó de que, al estar integrados en un proyecto de Innovación Docente, el profesorado iría realizando un seguimiento de los efectos de las actuaciones para revisarlas y mejorarlas, por lo que nos resultaba de vital importancia la retroalimentación que pudieran ofrecernos, su punto de vista sobre la implementación y resultados. Por último, se les indicó que, al igual que con otros aspectos docentes, podían en cualquier momento realizar preguntas o plantear cuestiones relacionadas con el proyecto y su desarrollo.

La dinámica de *La pelota* fue introducida del siguiente modo:

– "Ahora vamos a hacer un juego cooperativo para conocernos un poco. Aquí tenemos una pelota, mostrándola en la mano mientras se habla. Cuando la tenemos en nuestra mano diremos nuestro nombre y la provincia de donde provenimos y debemos pasársela a alguien que creamos que es de una provincia diferente. Esa persona cogerá la pelota, desvelará cómo se llama y cuál es su provincia y repetirá el proceso pasándosela a alguien que aún no haya participado en el juego hasta que todas y todos hayamos dicho nuestro nombre y provincia".

Se escogió preguntar por la provincia de origen al considerar que esta cuestión podía despertar la curiosidad entre el alumnado dada su procedencia, en un elevado porcentaje, de otros lugares de España. Tras dar las indicaciones, la docente cogió la pelota dijo su nombre y provincia y la pasó a una alumna. Al finalizar se le preguntó al grupo si creían que esta dinámica podía ser útil, si la emplearían con su futuro alumnado de educación primaria y qué ventajas e inconvenientes le veían.

Se repitió el mismo procedimiento con la otra mitad del grupo aula de 42 integrantes, pero con algunas modificaciones. En lugar de emplear una pelota, se trajeron tres. Se dividió al grupo en tres subgrupos de 14 integrantes cada uno y se les pidió que hiciesen una primera ronda con la misma pregunta que en el grupo anterior (nombre y provincia) y una segunda sobre aficiones (por ejemplo: "mi nombre es Xurxo y creo que a ella le gusta leer manga"). Finalmente, también se

© narcea, s. a. de ediciones

les preguntó por la utilidad de la dinámica, uso futuro y puntos fuertes y débiles detectados.

La profesora utilizó notas de campo para apuntar lo observado durante las dinámicas en ambas clases.

Cómo salió

En ambas sesiones, la dinámica se completó en menos de 30 minutos. Participaron 83 estudiantes presentes en el aula de *Psicología del desarrollo (6-12 años)*. Desde el inicio de la dinámica se creó un ambiente muy distendido en ambos grupos. El desafío de las preguntas motivó al alumnado a averiguar más sobre sus compañeras y compañeros generando risas ante los fallos y sorpresa al averiguar que algunos eran de la misma provincia y que incluso podían compartir coche para los trayectos a casa.

El alumnado valoró positivamente la dinámica. Las ventajas que destacaron fueron "la diversión", "averiguar más sobre mis compañeros" y "poder compartir información útil". Explicaron que sí la emplearían con sus futuros alumnos sobre todo el primer día de clase, pero en un lugar más adecuado, ya que el aula dificultaba el movimiento y también verse mejor las caras.

Como elementos negativos de la experiencia, señalar que, en el primer grupo debido al elevado número de integrantes, se volvía a lanzar la pelota a personas que ya habían participado y resultaba más difícil saber quién no había hablado aún. En el segundo grupo, al tener subgrupos de 14 miembros, no se observó la dificultad anterior. Por el contrario, con esta subdivisión se logró un mayor conocimiento intragrupo. Por ejemplo, dos alumnas descubrieron que tocaban un mismo instrumento y otros que les encantaba jugar al baloncesto y casi todo el alumnado se sorprendió al saber que uno de sus compañeros había estado viviendo en el extranjero más de 10 años.

Con esta dinámica se pudieron apreciar comportamientos encaminados al apoyo y actitudes empáticas, por ejemplo, ayudando a un compañero cuando se le caía la pelota o dando pistas sobre a quién lanzar la pelota para no repetir. En cambio, también se manifestó alguna actitud y conducta poco inclusivas, como reírse de una compañera que se confunde o de una afición poco habitual.

Lamentablemente, algunos aspectos no pudieron ser recogidos de modo adecuado, ya que, al no conocer la docente a los integrantes, resultó ser una empresa muy difícil poder reunir todos los nombres y relacionarlos después con los comportamientos observados.

Qué aprendimos

Estos primeros resultados de la experiencia realizada con la dinámica *La pelota* permiten conocer cómo funciona una estrategia de cohesión que enfatiza el desarrollo del AC y la competencia "trabajo en grupo". Abordar estas temáticas es relevante no solo a nivel social sino también a nivel profesional, como futuro profesorado de educación Infantil y Primaria.

Como docentes implicadas en el proyecto de innovación podemos señalar algunas *oportunidades* y limitaciones encontradas con esta dinámica de cohesión. En cuanto a las primeras:

- *Se crea un ambiente acogedor y distendido,* importante en estudiantes de primer curso que acaban de llegar a la Universidad, lo que facilita la transición entre dos etapas educativas tan diferenciadas.
- *Se pueden observar relaciones, comportamientos y actitudes entre alumnos y alumnas,* difíciles de percibir de un modo tan explícito en una primera sesión de clase tradicional.
- *Facilita la integración en el grupo* ya que, parte del alumnado encontró personas con afinidades semejantes a las suyas y se dio la oportunidad para plantar la semilla de un vínculo.
- *Posibilita la conexión escolar a través del enganche* y el sentimiento de *pertenencia al grupo,* particularmente cuando un docente está con el mismo grupo a lo largo de un curso académico.
- *Favorece que el docente adquiera un conocimiento más profundo* del grupo clase.

En relación con las *limitaciones* detectadas podemos señalar:

- La configuración académica de las materias por cuatrimestres, con un tiempo muy ajustado (15 semanas) en relación a los contenidos a abordar y el desarrollo de las competencias y la consecución de los resultados de aprendizaje, limita la puesta en práctica de dinámicas cooperativas y experiencias innovadoras.
- El estar inmersas en un proyecto de innovación, con unas actividades estructuradas y unos objetivos ambiciosos, generó la necesidad de adoptar decisiones rápidas para seguir avanzando en el proceso.

- El alto número de estudiantes en el aula hizo que la realización de la dinámica ocupara más de la mitad del tiempo disponible para la sesión de clase (casi 30 minutos con una media de 40 estudiantes), pero también resultó más interesante por haber más variedad de participantes y casuísticas.
- La distribución espacial del aula, rígida, sin posibilidad de mover las mesas para facilitar la comunicación entre todos los participantes, pone de manifiesto la necesidad de contar no solo con equipos docentes y de gestión implicados, sino también con infraestructuras que respondan a las demandas de una pedagogía activa y transformadora.
- La dificultad encontrada para la recogida de información, tanto por el elevado número de estudiantes en el aula, como por la cantidad de contenido sobre el que centrar la atención.

Finalmente, se vislumbran como *propuestas de mejora* para poder paliar las dificultades encontradas en la recogida de información, las siguientes:

- Complementar esta dinámica de cohesión con otras estrategias docentes, como puede ser la "Pareja educativa" (Salamanca, 2011) o "Pareja pedagógica" (Cotrina et al., 2017), de forma que un docente puede desarrollar la dinámica y el otro puede tener un rol de observador-investigador.
- Focalizar la recogida de información no solo sobre el contenido (nombre de los alumnos y alumnas y provincia) sino también sobre el comportamiento y el lenguaje corporal. Tener una hoja de registro o plantilla podría ayudar en este proceso. Al mismo tiempo, el pedir a los propios estudiantes que registren por escrito sus opiniones sobre la dinámica puede ayudar a contrastar la información recogida inicialmente.
- Ayudar a la identificación de los participantes utilizando una propuesta alternativa. Por ejemplo, que creen un gorro (tipo barco) con un folio en el que ponga su nombre y se lo coloquen a medida que se vayan presentando. Esto permitiría llevar un mejor control de las personas que participaron, especialmente en los grupos grandes.

Las oportunidades y limitaciones emanadas de la experiencia, así como las propuestas de mejora para nuevos desarrollos de la dinámica de cohesión *La pelota*, han sido una oportunidad para el aprendizaje de las docentes implicadas, tanto en la temática propia del proyecto de innovación como en los procedimientos de gestión de grupos. También ha supuesto un desafío vinculado con nuestro propio desarrollo profesional como formadoras de futuros docentes. Este panorama abre una senda en la que seguir aventurándose.

Ámbito de intervención A

2.2. El blanco y la diana

Rosana Martínez-Román
Nuria Diéguez-García
Isabel Ferreiro-González

De dónde partimos

Existe un amplio abanico de dinámicas de cohesión de grupo para promover el AC, en el presente capítulo se presenta la dinámica *El blanco y la diana*. Siguiendo a Pujolàs y Lago (2011) para transferir a una estructura cooperativa y abandonar la estructura competitiva e individualista es necesario usar en el ámbito educativo diferentes recursos didácticos. Para ello, proponen los siguientes ámbitos de intervención estrechamente relacionados entre sí y que actúan de forma simultánea:

1) *Ámbito de intervención A, "la cohesión del grupo"*: incluye las actividades, actuaciones y estrategias relacionadas con la cohesión de grupo, para que el alumnado se conozca mejor y aprenda a trabajar en equipo, predisponerlo para la cooperación, con la finalidad de convertirlo en una comunidad de aprendizaje. Este primer punto de partida es muy importante, porque si el grupo no está cohesionado, carece de un vínculo de predisposición y ayuda mutua, no conseguirán trabajar en equipo de forma cooperativa. Por ello, en este primer ámbito de intervención es muy importante utilizar actividades, dinámicas y/o juegos cooperativos que favorezcan la cohesión de grupo y un clima favorable para el aprendizaje.

2) *Ámbito de intervención B, "el trabajo en equipo como recurso para enseñar, introducir y fomentar el trabajo en equipo"*: en el que se recogen las

actuaciones y estrategias encaminadas a utilizar el trabajo en equipo como recurso para enseñar.

3) *Ámbito de intervención C, "el trabajo en equipo como contenido a enseñar: aprender a trabajar en equipo":* se refiere a actuaciones, actividades y/o estrategias encaminadas a enseñar al alumnado a trabajar en equipo mediante una organización determinada en el aula, con la finalidad de que el alumnado aprendan a trabajar, pero también que aprendan a planificarse y organizarse en equipo de forma autónoma.

En el presente capítulo nos centraremos en el primer *Ámbito de intervención A, la cohesión del grupo,* con la implementación de la dinámica *El blanco y la diana.* Esta actividad pretende fomentar la participación y el conocimiento mutuo del estudiantado, promover la interacción y crear un clima de confianza favorable en el aula.

Qué planificamos

La dinámica *El blanco y la diana,* se llevó a cabo con el alumnado de primer curso de Educación Primaria de la Facultade de Educación e Traballo Social de la Universidade de Vigo. Antes del comienzo de la actividad explicamos brevemente al alumnado en qué consistía el Proyecto de Innovación Docente en el que participamos los y las docentes de la Facultad. La mayoría del alumnado, exceptuando el alumnado con procedencia de ciclos superiores formativos de Educación Infantil e Integración Social, desconocían en qué consistía el Aprendizaje Cooperativo. Por ello, antes de iniciar la implementación de la dinámica, procedimos a explicarles que es el AC, sus ámbitos de intervención y sus ventajas como herramienta educativa.

Se planificó la dinámica *El blanco y la diana* para llevarla a cabo con el alumnado del primer cuatrimestre, con el objetivo de cohesionar al grupo, para que el alumnado se conozca mejor, establezcan relaciones, aprendan a trabajar en equipo y a tomar decisiones consensuadas sobre aspectos que afectan a todo el grupo, con la finalidad de que se conviertan en una pequeña comunidad de aprendizaje.

El grupo-clase estuvo compuesto por 78 alumnos y alumnas, siendo su gran mayoría mujeres. Al tratarse de un grupo-clase tan numeroso, la dinámica de *El blanco y la diana* se realizó en las clases de los grupos medianos. Los 78 alumnos del grupo-clase se dividen en tres grupos medianos. Con lo cual, la actividad se desarrolló en tres días diferentes, siguiendo el horario oficial de la facultad para cada grupo mediano.

Al comienzo de cada sesión, las docentes solicitamos al alumnado que se agruparan en grupos heterogéneos, máximo 4 integrantes por grupo. Para la constitución de los grupos, intentamos que no estuvieran formados por personas que ya se conocieran previamente, para intentar que el alumnado conociera a otras personas del aula y se iniciaran nuevas interacciones. Como hemos mencionado anteriormente, en el aula teníamos un gran grupo de alumnos procedentes de Ciclos Formativos y algunos habían estudiado juntos, con lo cual, nos pareció acertado que estas personas no coincidieran en el mismo grupo.

Posteriormente, facilitamos a cada grupo el material que necesitaba para el desarrollo de la dinámica (cartulina blanca y bolígrafos). Al finalizar el reparto del material explicamos a todos los grupos la dinámica. En todas las sesiones, de los tres grupos medianos, la dinámica se desarrolló, aproximadamente, en 40 minutos.

Para finalizar la actividad, cada grupo expuso los resultados de su dinámica a toda la clase, y las docentes promovimos la participación de todo el alumnado, e intentando crear un clima afable en el aula.

Cómo lo hicimos

Para la realización de la dinámica se constituyeron de forma aleatoria grupos heterogéneos, con un máximo de 4 integrantes. En cada grupo mediano se constituyeron 6-7 grupos, lo que hizo un total de 18 grupos entre los tres grupos medianos. Después de constituir los grupos, las docentes explicaron al alumnado en qué consistía la dinámica y el tiempo del que disponían para la realización de la misma.

A continuación, el alumnado en una cartulina blanca dibujó un círculo concéntrico. El círculo se dividió en tantas partes como integrantes del grupo.

Cada participante escribió su nombre en una de las partes del círculo central y en las siguientes escribió la respuesta a las siguientes preguntas (Figura 1):

- mi mejor cualidad es…
- mi peor defecto es…
- mi afición preferida es…
- mi mejor habilidad es…

Figura 1. *Estructura de la dinámica El blanco y la diana*

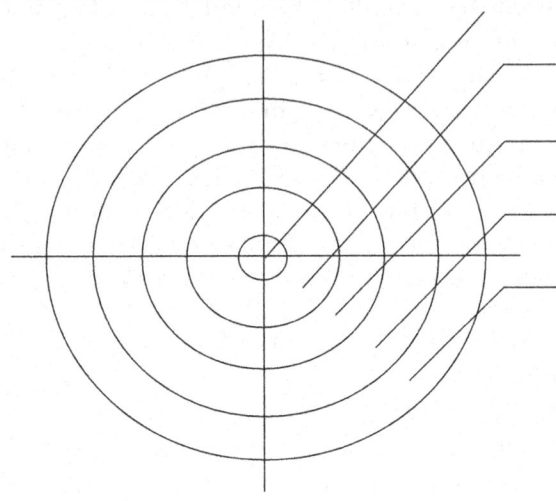

Cuando todos los integrantes del grupo terminaron de compartir y poner en común sus respuestas, entre todos los miembros del grupo identificaron aquellos aspectos que tenían en común y aquellos en los que se diferenciaban, con la finalidad de ponerse de acuerdo y buscar un nombre identificativo que representara al grupo.

Para finalizar la actividad, cada grupo expuso a toda la clase los resultados de su dinámica, así como el motivo del nombre identificativo que eligieron para su grupo.

Para concluir, le preguntamos al alumnado que le había parecido la actividad (aspectos positivos y negativos), y si consideraban de utilidad este tipo de dinámicas en su futuro profesional como docentes de Primaria.

Cómo salió

Los resultados obtenidos de la implementación de la dinámica *El blanco y la diana* han sido positivos, tanto para el alumnado como para el contexto de aprendizaje en general. Desde el comienzo de la dinámica el alumnado estaba muy receptivo y participativo, y el ambiente en el aula era muy distendido entre los grupos.

El alumnado participante en la dinámica expresó sus ideas y opiniones desplegando diferentes habilidades comunicativas y sociales. Además, durante el transcurso de la actividad se apoyaban mutuamente para avanzar todos al mismo tiempo en el desarrollo de la misma, imperando un liderazgo compartido en la inmensa mayoría de sus integrantes. También identificamos que algunos participantes realizaron más preguntas de las que se recogían en el guion establecido de la dinámica, el alumnado nos argumentó que estaban interesados en conocer más aspectos personales de las integrantes de su grupo.

Entre las preguntas fuera de guion más frecuentes destacamos: qué tipo de música sueles escuchar en tu tiempo libre, película favorita, libro favorito y, por último, cual es la red social que más utilizas.

En el transcurso de la dinámica, todo el alumnado respetó las reglas y el desarrollo de las tareas para el cumplimiento de los objetivos, lo que permitió un buen funcionamiento grupal. Asimismo, destacamos que la dinámica contribuyó a crear un ambiente de aprendizaje positivo en el aula. El alumnado valoró positivamente su implementación, porque les permitió, por un lado, conocer un poco mejor a sus compañeros, y, por otro lado, identificar en el aula nuevas personas con las que formar equipos para futuros trabajos académicos.

En este sentido, en todos los grupos medianos, el alumnado manifestó que este tipo de dinámicas en el primer año de carrera es de gran ayuda para conocer mejor a los compañeros y constituir grupos de trabajo con personas afines, ya que a veces prefieren realizar trabajos individuales porque desconocen las habilidades sociales y comunicativas de sus compañeros y compañeras para la producción de determinados trabajos grupales. El alumnado también destacó que sería interesante implementar esta dinámica en la clase-grupal para conocer a todos sus compañeros de la clase, y no solo a los compañeros del grupo mediano al que pertenecen, ya que al realizarse la dinámica en la clase de los grupos medianos continuaban sin conocer a los compañeros de los otros grupos.

Con todo, el alumnado de 1º curso de Educación Primaria consideró que tanto las dinámicas de cohesión en grupo, así como el Aprendizaje Cooperativo, son herramientas educativas de gran utilidad para su ámbito profesional como futuros docentes de primaria.

En lo que respecta a las dificultades en la implementación de la dinámica, destacamos como principal problema la falta de iniciativa por parte del alumnado para agruparse en equipos de trabajo con personas que no conocían previamente. Incluso las docentes encargadas de la implementación de la dinámica tuvimos que ayudar al alumnado en la constitución de los grupos para que los equipos estuvieran integrados por personas que no se conocían, y también para que ningún alumno se quedara sin grupo.

A continuación, en la Figura 2, se muestran, algunas de las evidencias de los resultados de la dinámica.

Figura 2. *Representación de dianas elaboradas por el alumnado de primer curso de Grado en Educación Primaria durante el curso 2022-2023*

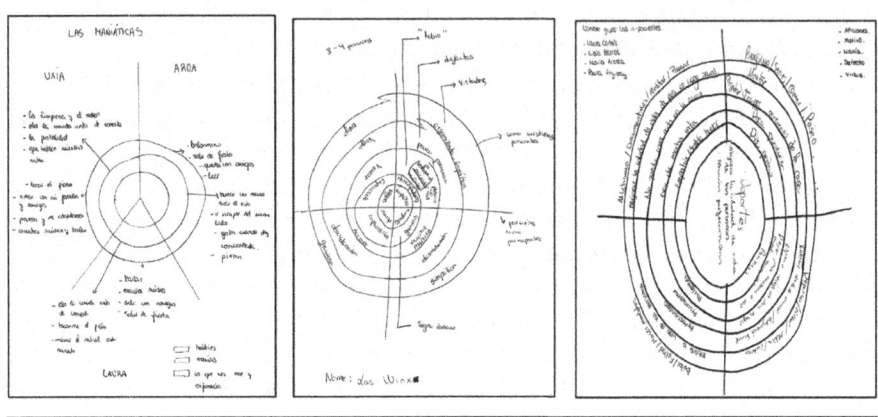

Qué aprendimos

La dinámica de *El blanco y la diana,* facilitó que el alumnado de primer curso del Grado en Educación Primaria de la Facultade de Educación e Traballo Social de la UVigo se conociera mejor, constituyeran vínculos de amistad y desarrollasen un mayor nivel de confianza, lo que contribuyó a una mayor cohesión en el grupo, afectividad entre el alumnado y un mayor grado de madurez grupal.

Las docentes que implementamos la actividad destacamos a continuación las siguientes limitaciones y beneficios que hemos identificado en la ejecución de la dinámica *El blanco y la diana.*

En lo relativo a las limitaciones, consideramos que las horas de docencia destinadas a cada materia por cuatrimestre son bastante ajustadas, lo que dificulta salirse de la planificación docente para incluir otras actividades que no se recogen en la guía docente. Por ello consideramos que este tipo de dinámicas de cohesión de grupo son más adecuadas para llevar a cabo en las jornadas de acogida que se celebran en la primera quincena de septiembre con el alumnado universitario de primer año y, quizás, en las horas de docencia, ejecutar dinámicas del *Ámbito de intervención B y C,* y que estén más relacionadas con la guía docente de la materia.

En lo que respecta a los beneficios de la ejecución de la dinámica de *El blanco y la diana,* consideramos que no se trata solamente de una alternativa metodológica si no de una estructura didáctica con capacidad para formar a personas activas y críticas, siendo fundamental para una sociedad democrática que valora la igualdad y la inclusión.

Al trabajar en equipo y tomar decisiones, el alumnado desarrolla un sentido de responsabilidad y aprenden a ser personas activas y democráticas que se preocupan por su grupo-comunidad. No obstante, es necesario resaltar que para que el AC pueda contribuir a la formación de alumnado activo, crítico y democrático su impacto dependerá de cómo se ejecute la dinámica cooperativa. Por consiguiente, el profesorado desempeña un rol significativo en la implementación y desarrollo de las acciones cooperativas en el aula, por lo que es conveniente que el profesorado reciba formación sobre los fundamentos del AC en el aula.

Ámbito de intervención A

2.3. Mundo de colores

Nazaret Blanco-Pardo
María Victoria Carrera-Fernández
María Concepción Cochón-Núñez

De dónde partimos

La dinámica *Mundo de colores* se incluye en el *Ámbito de intervención A*, centrado en aquellas actuaciones relacionadas con la *cohesión de grupo* (Pujolàs, 2008). Este ámbito de intervención está estrechamente relacionado y es indispensable para el desarrollo de los otros dos ámbitos de intervención establecidos en el citado programa: 1) el *Ámbito de intervención B*, en el que se despliegan estrategias y dinámicas de trabajo en equipo, abordando el AC como *recurso para aprender*, orientadas a que el alumnado aprenda mejor los contenidos académicos a través de esta forma de organización del aula; y 2) el *Ámbito de intervención C*, en el que se fomenta el AC como *contenido para aprender*, en aras de que el alumnado aprenda a trabajar cooperativamente de una forma explícita y sistemática.

Esta dinámica pretende incrementar la conciencia de grupo, fomentar la ayuda mutua, trasmitir la interdependencia entre el alumnado y mejorar el clima del aula, condiciones necesarias e indispensables para poder implementar las estrategias de AC. En este contexto, la dinámica tiene como principal objetivo sensibilizar al alumnado para trabajar de forma cooperativa, desarrollando un pensamiento crítico hacia la homogenización en la formación de grupos y fomentando el valor de la diversidad y la empatía.

A continuación, detallamos qué planificamos, ahondando en el contexto en el que se enmarcó la actividad; cómo lo hicimos, presentando el procedimiento y los materiales utilizados; cómo salió, exponiendo y analizando los resultados más destacables; y qué aprendimos, atendiendo a los aspectos más positivos y significativos de la dinámica, así como a las dificultades encontradas en su desarrollo y a las propuestas de mejora para experiencias futuras.

Qué planificamos

Mundo de colores se llevó a cabo en diferentes grupos de alumnado de la Facultade de Educación e Traballo Social, concretamente de los Grados de Educación Primaria, Educación Infantil y Educación Social. En estas páginas vamos a centrarnos específicamente en la experiencia desarrollada en la asignatura de *Teoría e Historia de la Educación*, una materia de formación básica del primer curso del Grado en Educación Primaria que se imparte en el primer cuatrimestre.

Se escogió esta dinámica, entre otras de cohesión, por ser la que, en nuestra opinión, mejor se adaptaba a un grupo de más de 80 personas. Concretamente se reservó una hora y media para el desarrollo completo de la experiencia, incluyendo el traslado al gimnasio en donde se realizaría la dinámica y el debate posterior. Las docentes de la materia, dos de las autoras del capítulo, más la docente observadora, también autora de este trabajo, elaboramos un guion de organización y desarrollo de la actividad y diseñamos una hoja de registro observacional atendiendo a las siguientes cuestiones: a) ¿qué estrategias sigue el alumnado para agruparse?; b) ¿qué criterios sigue el alumnado para agruparse?; c) ¿qué personas toman la iniciativa y cuáles adoptan una actitud más pasiva y se dejan llevar?; y d) ¿qué hace y cómo reacciona la persona que no tiene pegatina?

Asimismo, reservamos un espacio adecuado para llevar a cabo la actividad, en concreto uno de los gimnasios del centro, y preparamos las pegatinas necesarias para su ejecución: nueve grupos de pegatinas, cada uno con la representación de un animal distinto. A continuación, se detalla cómo se desarrolló la dinámica y cuáles fueron los resultados.

Cómo lo hicimos

Inicialmente se puso al alumnado en círculo, sentado en el suelo del gimnasio, y se le explicó cómo sería el desarrollo de la dinámica. En concreto, les dijimos que colocaríamos una pegatina en su espalda que no podrían ver y que, posteriormente, sin hablar y sin hacer ruidos, tendrían que formar grupos con los demás compañeros y compañeras. A continuación, les pedimos que cerrasen los ojos mientras les colocábamos las pegatinas. Colocamos hasta nueve grupos diferentes de pegatinas a todo el alumnado, excepto a una alumna, seleccionada aleatoriamente, a la que no se le puso ninguna pegatina. Finalmente, les pedimos que se levantasen y que se agrupasen, sin hablar y sin hacer sonidos. Dado que el grupo era muy amplio, con un total de 80 alumnas y alumnos, no tasamos el tiempo de formación de grupo. Cuando observamos que la mayoría del alumnado estaba agrupado, le indicamos que quedaba un minuto para terminar de formar los grupos.

Las docentes de la materia orientamos la actividad, mientras la docente que adoptaba el rol de observadora tomaba notas tanto del desarrollo de la experiencia como del debate posterior.

Una vez terminada la formación de los grupos, en el coloquio posterior, surgieron las siguientes cuestiones, que posteriormente comentaremos:

a) Estrategias y criterios utilizados para agruparse.
b) Estereotipos/prejuicios que contribuyen a la homogeneidad en la formación de los grupos.
c) Situaciones de discriminación/exclusión de la vida real a las que les recordaba la dinámica.
d) Sentimientos experimentados.
e) Utilidad de la dinámica para su futura práctica profesional como educadoras y educadores.
f) Valoración global de la dinámica.

Cómo salió

En cuanto a las *estrategias observadas para la formación de grupos en el alumnado,* se comprueba que algunos alumnos y alumnas toman la iniciativa de empezar a formar grupos mirando la pegatina que tienen los demás compañeros y compañeras a la espalda e indicándole donde colocarse con señas o llevándolos a un lugar/grupo concreto. Otra estrategia fue hacer gestos o movimientos propios del animal representado en la pegatina pegada en su espalda para que la persona supiese con quién debía agruparse. En muchos casos el alumnado adoptaba un comportamiento más pasivo, dejándose orientar o dirigir por otros compañeros y compañeras. El alumnado tardó aproximadamente cinco-seis minutos en hacer los grupos, formándose nueve grupos en total (los mismos que tipos de pegatinas) y quedando descolgada la alumna sin pegatina.

Por lo que respecta a los *criterios adoptados para la formación de grupos*, inicialmente, en la mayoría de los casos, se juntó a las personas que tenían exactamente la misma pegatina, en la línea de la homogenización en la formación de grupos. En otros casos, inicialmente, se juntaron en grupos a personas con diferentes pegatinas -entendemos que asumieron que había diferentes clases de pegatinas (por ejemplo: pegatinas de animales, pegatinas de flores, etc.)- hasta que fueron conscientes de que todas las pegatinas eran de animales y que los animales eran diferentes entre sí.

En cuanto a las *personas que adoptaron un rol más activo y más pasivo* en la formación de los grupos, en algunos casos coincidieron con el mismo alumnado que lidera las intervenciones en el aula, mientras que, en otros casos, lo hicieron alumnos y alumnas que no tienen una participación tan activa en las clases. En cualquier caso, esta observación debe ser tomada con cautela, pues el grupo de alumnado es muy numeroso, con un total de 83 personas matriculadas, por lo que, a principios de curso, no nos resultaba sencillo como docentes conocer al alumnado.

Finalmente, en cuanto al *comportamiento y reacción de la persona que no tenía pegatina y quedó desagrupada,* la alumna adoptó inicialmente una actitud que podríamos calificar de activa, comprobando qué pegatinas tenían otras personas en su espalda e indicándole que mirasen la suya. Al ver que los demás compañeros y compañeras miraban su pegatina y le hacían gestos de sorpresa y/o desaprobación, sin dirigirla hacia ningún grupo, comenzó a adoptar una actitud reactiva más pasiva, quedando aislada en una esquina.

Por otra parte, atendiendo a las *cuestiones surgidas en el coloquio/discusión posterior a la dinámica,* destacamos a continuación comentarios del alumnado, la mayoría en la línea de las observaciones ya señaladas. El alumnado destaca el uso de diferentes *estrategias* para formar los grupos, como ponerse en parejas y buscar a otras personas que tuviesen la misma pegatina que su compañero o compañera, pasar por delante de grupos ya formados para que el propio grupo los seleccionase cuando su pegatina coincidía con la suya, hacer gestos propios del animal que otra persona tenía en la espalda, o simplemente esperar a ser incluida en un grupo. Destacaron la importancia del lenguaje no verbal en la comunicación y valoraron positivamente su propio lenguaje no verbal.

En cuanto a los *criterios* adoptados para la formación de grupos, en general señalaron haber asumido implícitamente la necesidad de hacer grupos en base a la coincidencia de pegatinas. Aproximadamente, el 20% del alumnado no fue consciente de que había una persona sin grupo y pegatina, algunas personas pensaron que había un grupo "sin pegatina", y solo una alumna pensó en "decirle" que se uniese a su grupo, aunque finalmente no lo hizo. En este sentido, destacaron cómo los *estereotipos y los prejuicios*, muchas veces inconscientes, influyen a la hora de establecer relaciones y formar grupos, contribuyendo a situaciones de discriminación y/o exclusión de las que, incluso, no se es consciente. Señalaron también cómo estos estereotipos contribuyen a la homogeneidad y al rechazo de la diferencia, lo que, finalmente, conduce a un empobrecimiento del grupo y/o de la comunidad/ sociedad.

Otra cuestión surgida en la discusión posterior hizo referencia a las *situaciones de discriminación/exclusión de la vida real a las que les recordaba la dinámica*. La mitad del alumnado, aproximadamente, reconoció haberse sentido excluido o haber presenciado una situación de exclusión/discriminación en alguna ocasión, mientras que la otra mitad señaló no haber vivido ni conocido ninguna situación de exclusión. Destaca el comentario de una alumna que señaló que, por ayudar a una persona excluida, el grupo/clase también la excluyó a ella.

Se habló también sobre los *sentimientos experimentados* a lo largo del desarrollo de la actividad. La alumna sin pegatina, que quedó desagrupada, destaca que al principio se sintió inquieta al ver que no encajaba en ningún grupo, y que este sentimiento fue haciéndose más desagradable hasta sentirse "desubicada" y "desplazada". El resto del grupo, la mayoría sin ser consciente de que una persona quedaba excluida, señaló que disfrutó de la dinámica, pero también destacó comprender la sensación de rechazo experimentada por su compañera, reconociendo que se sentiría igual de mal si estuviese en su lugar.

Por lo que respecta a la *utilidad de la dinámica*, entre otros objetivos, destacaron que esta actividad contribuye a la promoción de relaciones interpersonales positivas en el grupo, al desarrollo de la empatía y a la toma de conciencia de las situaciones de exclusión y violencia, especialmente de aquellas que protagonizamos sin ser conscientes de ello. Algunos alumnos y alumnas señalaron que utilizarían esta dinámica con un grupo de alumnado de educación primaria para fomentar la empatía y las relaciones positivas. Un alumno destacó que la utilizaría para intervenir en un caso de acoso escolar, dejando al agresor o agresora sin pegatina para hacerle reflexionar sobre sus sentimientos, al ser excluido del grupo, y ayudarle así a ponerse en la piel de las personas que sufren estas situaciones.

En general, *valoraron muy positivamente la dinámica* destacando su utilidad para mejorar las relaciones del grupo, tomar conciencia de las situaciones de discriminación/exclusión y fomentar el valor de la diversidad.

Qué aprendimos

La dinámica de cohesión *Mundo de colores* ha contribuido a fomentar relaciones interpersonales más positivas entre el alumnado, así como entre el alumnado y las docentes de la materia y, de forma global, a la creación de un clima de aula más favorable para la introducción posterior de estructuras de AC.

- Entre los *aspectos más positivos* y significativos de esta dinámica de cohesión destacan la oportunidad que ofrece al alumnado de desarrollar un pensamiento crítico hacia la homogeneización en el establecimiento de relaciones interpersonales y en la creación de grupos, que está estrechamente ligada al rechazo a la diversidad, la exclusión y la violencia, generando un empobrecimiento del grupo y de la comunidad, y contribuyendo a la desigualdad y la injusticia social. En esta línea, la reflexión posterior sobre la dinámica permitió abordar temáticas educativas clave relativas a los estereotipos, los prejuicios, la discriminación, el acoso y la violencia, que pusieron de relieve el desarrollo de la conciencia crítica del alumnado y su capacidad de empatía.

  Aunque en menor medida, la dinámica también contribuyó a tomar conciencia sobre la importancia de la comunicación no verbal y sobre la necesidad de mejorarla. Asimismo, el llevar a cabo esta dinámica con un grupo de futuros educadores y educadoras, convierte esta experiencia en un recurso para aprender, pero también en un contenido a aprender de gran utilidad para la futura práctica profesional.

- En cuanto a las *principales dificultades* encontradas en el desarrollo de esta actividad, destaca el amplio número de alumnado participante que, si bien no fue un problema para la creación de los grupos, sí lo fue a la hora de participar en la reflexión/debate posterior, con la participación muy activa de cuatro o cinco personas y mucho más limitada en el caso de otras. De la misma forma, un grupo tan numeroso a comienzos del curso dificulta la selección de la persona que va a hacer la función de "excluida", al no conocer en profundidad a todo el alumnado. Asimismo, otro obstáculo que encontramos, probablemente derivado también de la amplitud del grupo y del momento de implementación de la dinámica —a principios de cuatrimestre del primer curso del grado—, fue la dificultad del alumnado de compartir en el contexto del aula sus sentimientos, así como situaciones dolorosas vividas o conocidas.

- Teniendo en cuenta las fortalezas de esta dinámica de cohesión, así como las limitaciones señaladas, pensamos que algunas *propuestas de mejora* a la hora de desarrollarla pasarían por implementarla en una etapa posterior del curso, de forma que ya se estableciese previamente un clima de aula de mayor confianza entre el alumnado y entre el alumnado y profesorado. Esto también permitiría al profesorado tener un mayor conocimiento del perfil de liderazgo del alumnado para poder asignarle los roles de participación más adecuados. Asimismo, llevar a cabo la dinámica en grupos más pequeños también contribuiría a crear un clima más favorable para el desarrollo de la reflexión posterior.

Por último, destacar que este tipo de dinámicas no deben ser desarrolladas de forma aislada y descontextualizada de un proceso de enseñanza-aprendizaje integrador y sociocrítico, que asume que la educación va mucho más allá de la mera instrucción y se orienta fundamentalmente hacia la humanización del alumnado, el pensamiento crítico y la lucha por la justicia social o, como diría Paulo Freire (1970), hacia la utopía posible.

© narcea, s. a. de ediciones

3

Ámbito B. El trabajo en equipo como recurso: Estructuras Cooperativas Simples

Almudena Alonso-Ferreiro
Breogán Riobóo-Lois

Una vez que se han realizado dinámicas de cohesión que permiten el conocimiento mutuo entre el alumnado del grupo, como las explicitadas en capítulos previos, es momento de empezar con el trabajo en equipo como recurso para desarrollar el Aprendizaje Cooperativo en el aula.

En este momento, que se ha dado en llamar "**Ámbito B**", comienza el trabajo con estructuras cooperativas que permiten ir más allá de la actividad individual y del trabajo colaborativo. El trabajo en equipo se convierte en un recurso para el aula, donde se realizan estructuras cooperativas, tanto simples como complejas, con el fin de favorecer el aprendizaje entre el alumnado, creando conciencia de equipo y comunidad, así como habilidades de autorregulación del aprendizaje, organización y autoevaluación.

Iniciarnos en estas estructuras cooperativas de aprendizaje supuso poner atención en déficits organizacionales con los que contábamos en la propia Facultade de Educación e Traballo Social, especialmente los centrados en la disposición fija o semi-rígida del mobiliario dificultando el trabajo en equipos cooperativos.

Tras las dinámicas de cohesión se crean equipos de trabajo, preferiblemente de 4 estudiantes. Estas agrupaciones son realizadas por el profesorado tratando de crear equipos heterogéneos que favorezcan la inclusión. Generalmente, esta fase de creación de los equipos suscita cierto rechazo inicial entre el alumnado, especialmente en aquel que aún no ha tenido contacto con el AC. En este sentido, manifiestan su interés en crear los grupos para poder trabajar con sus amistades, si bien las opiniones al avanzar el cuatrimestre, las materias y el trabajo en las mismas suele, habitualmente, transformarse. En ese momento, posterior a la transformación, es cuando muestran su sorpresa al haber conocido a nuevas personas del aula y la gran complicidad, que no amistad, que se ha creado en el equipo y el compromiso conjunto con el trabajo. Ejemplo de ello es el siguiente texto recogido de un e-portfolio de una de las materias participantes en el Proyecto de Innovación de la FETS, donde se refleja, claramente, la diferencia entre colaborar y cooperar.

En el instituto nos mandaban hacer muy pocos trabajos en grupo y normalmente lo único que hacíamos era repartirnos el trabajo, hacerlo de manera individual y luego juntarlo para la entrega, sin hablar apenas entre los integrantes del grupo.

Al llegar a la universidad me empezaron a mandar muchos trabajos en grupo y empezamos a trabajar de manera muy diferente, participando todas en los trabajos y hablando mucho entre todos para que el trabajo quedara lo mejor posible.

Uno de los mejores ejemplos es el proyecto final de la asignatura de NNTT, en el que realizamos cuatro actividades que pensamos entre todas. Poníamos en común todas nuestras ideas para terminar eligiendo la que considerábamos que era mejora para el proyecto.

Además, he comprendido la importancia de la asignación de roles y responsabilidades para que el grupo esté mejor organizado.

La gestión del tiempo y la planificación son aspectos cruciales para los trabajos en grupo. Coordinar las agendas, repartir las tareas de manera equitativa… son cosas que hacen que el equipo progrese adecuadamente y que favorece el rendimiento.

En resumen, trabajar en grupo me ha enseñado que la eficacia no radica en la suma de habilidades individuales, sino en la capacidad del grupo para integrar y potenciar las habilidades de cada uno (Alumna de primer curso de Grado en Educación Infantil).

En el fragmento recogido se observa que la estructura de actividad a la que ha hecho frente el alumnado es cooperativa, siguiendo una distribución en pequeños equipos de trabajo, que ha favorecido la interacción entre compañeras y compañeros, quienes contribuyen mutuamente en sus aprendizajes, colaboran y se ayudan en el proceso (Pujolàs y Lago, 2018).

Las experiencias que se recogen en este capítulo denominado "*Ámbito B. El trabajo en equipo como recurso*", aluden a estructuras cooperativas básicas simples realizadas en la formación inicial en Educación y Trabajo Social. Todas ellas se organizan de tal forma que puedan realizarse en una única sesión de clases, promoviendo la participación equitativa del alumnado dentro del equipo y favoreciendo la interacción simultánea (Kagan, 1999).

Las estructuras cooperativas simples básicas, debido a su carácter básico, se emplean en los diferentes momentos del proceso educativo.

Actualmente, la concreción para trabajar bajo el paraguas del AC está sistematizada, y encontramos literatura en la que consultar estructuras cooperativas simples con distintas finalidades (Pujolàs y Lago, 2018; Sánchez-Baya, 2019):

- Conocer ideas previas del alumnado sobre alguno de los contenidos que vamos a trabajar.
- Exponer ideas relacionadas con los aspectos abordados en el aula.
- Identificar el grado de comprensión de una explicación o vídeo proyectado.
- Plantear dudas o preguntas sobre el tema que se está trabajando.
- Trabajar las competencias y contenidos programados para un tema.
- Resolver problemas referidos al tema que se está trabajando.
- Recapitular o sintetizar los contenidos abordados.
- Resumir las ideas principales de un tema.

Ámbito de intervención B

3.1. Lectura compartida

Mónica Rodríguez-Enríquez
Ángeles Conde-Rodríguez
María del Mar García-Señorán

De dónde partimos

Tener un buen nivel de comprensión lectora es esencial para el desempeño social y profesional en la sociedad actual. Como señalan Díez y Gutiérrez (2020), en el siglo XXI "la lectura está implicada de manera irreversible en el acceso a la información, al saber y a la participación social" (p. 11). Leer de forma comprensiva implica reconocer las ideas principales, relacionar las distintas partes del texto, hacer inferencias, analizar de forma crítica el contenido y saber aplicarlo a situaciones prácticas.

Aunque la adquisición de estas habilidades fundamentales para el desarrollo personal y la participación social plena comienza en los estadios educativos previos al universitario, la realidad refleja las dificultades que muestran los estudiantes, tanto para interpretar como para producir ellos mismos textos académicos en el contexto de las diversas materias de Grado (Carlino, 2003; Martínez, 2020). Aprender a leer y a escribir no es un proceso que termine cuando finaliza la escuela obligatoria, ya que la llegada a la Universidad supone una serie de desafíos discursivos para los que los estudiantes no están preparados y es una responsabilidad institucional continuar con la *alfabetización académica* (Carlino, 2005; 2013), en la que cada docente contribuya a que sus estudiantes aprendan estrategias de lectura y escritura propias de su dominio de conocimiento (Carlino, 2005).

Entre las variadas estrategias de enseñanza activa que se ponen en marcha en la actualidad, y en relación a la lectura, el AC es especialmente necesario y, como tal, es recogido junto a las competencias más relevantes a desarrollar en la mayoría de los programas de titulaciones universitarias.

Las estructuras colaborativas pueden ser muy efectivas para mejorar la comprensión lectora en un entorno educativo. Utilizar estructuras de AC en el fomento de la comprensión lectora no solo promueve el entendimiento profundo de los textos, sino que también desarrolla habilidades de comunicación, colaboración y pensamiento crítico en los estudiantes. Es una estrategia efectiva para mejorar la comprensión lectora en un entorno de aprendizaje interactivo y colaborativo (Pérez, 2020).

Entre las formas de cooperación, el Programa CA/AC (Pujolàs, 2009a) describe una serie de estructuras que facilitan la transformación de actividades que comúnmente se llevan a cabo en el aula de forma individual, en tareas que pueden realizarse en equipos y facilitar la colaboración y ayuda mutua en su realización, así como la participación más activa de todos en la realización de las actividades propuestas. Entre estos procedimientos se encuentra la *Lectura compartida*, una estructura simple que puede aprenderse de forma rápida, para trabajar contenidos de cualquier área del currículo y realizarse en un período corto de tiempo, como en una clase o parte de esta. Pujolàs (2009a) señala que se trata de una actividad muy versátil que se puede adaptar a diferentes niveles educativos y tipos de texto, posibilita la adquisición de nuevos conocimientos y puede ayudar a los estudiantes a mejorar sus habilidades.

Teniendo en cuenta la organización y las situaciones de aprendizaje en las que suele llevarse a cabo, la *Lectura compartida* estaría entre los *grupos formales de aprendizaje* descritos por Johnson et al. (1999), cuyos miembros tendrían una alta igualdad y mutualidad, formando un *grupo compuesto por estudiantes de igual nivel de pericia* que trabajan juntos, en palabras de Damon y Phelps (1989).

En esta estructura cooperativa podemos reconocer, en alguna medida, elementos básicos que, según Johnson y Johnson (2009), caracterizan el AC, tales como: que los miembros del grupo perciban que solo pueden tener éxito en la tarea si están conectados con los demás (*interdependencia positiva*); que todos los integrantes son miembros activos y tienen responsabilidad de hacer su parte del trabajo en grupo (*responsabilidad individual*); que los miembros del grupo puedan retroalimentarse mutuamente y ayudarse en la consecución de los objetivos (*interacción cara a cara*); o que tengan que poner en práctica habilidades como la comunicación, toma de decisiones, etc. (*habilidades sociales e interpersonales*).

De todos estos elementos, la mayoría de los investigadores están de acuerdo en que la responsabilidad individual y los objetivos de grupo son los dos aspectos más importantes del AC que producen efectos positivos significativos en los logros, las actitudes y las relaciones sociales (Johnson y Johnson, 2009; Slavin, 1990).

Con la *Lectura compartida* son varias las habilidades que pueden ser mejoradas:

- *La capacidad de comprensión lectora* ya que, cuando los/las estudiantes leen en voz alta en un grupo, tienen que pensar detenidamente sobre el texto para poder comprenderlo. Esto les ayuda a desarrollar habilidades como la identificación de la idea principal, la comprensión de las relaciones entre las ideas, la detección de la información importante, la inferencia de significados implícitos y la evaluación de la evidencia.
- *Las habilidades de expresión oral.* Cuando los estudiantes leen en voz alta tienen que articular claramente las palabras, usar un tono de voz apropiado y hacer pausas en los lugares adecuados. Esto les ayuda a desarrollar habilidades como la fluidez, la entonación y la pronunciación.
- *El trabajo en equipo.* Cuando los estudiantes trabajan juntos en un grupo de lectura, tienen que cooperar para comprender el texto y completar las tareas. Esto les ayuda a desarrollar habilidades como la colaboración, la comunicación y la resolución de conflictos.
- El desarrollo de la *autonomía y responsabilidad.* Cuando los estudiantes trabajan en un grupo tienen que asumir la responsabilidad de su aprendizaje. Esto les ayuda a desarrollar habilidades como la autogestión y la autorregulación.

Qué planificamos

La actividad fue realizada durante el segundo cuatrimestre (mes de marzo) con estudiantado de primer curso del Grado en Educación Primaria. Este grupo clase ya estaba familiarizado con el trabajo cooperativo al haber trabajado mediante diferentes dinámicas de cohesión más centradas en el conocimiento del grupo y las relaciones interpersonales, entre ellas *La pelota, El blanco y la diana* y *Mundo de colores,* durante el primer cuatrimestre.

Para la realización de la estructura cooperativa de *Lectura compartida* se contó con la participación de tres docentes y de los 78 estudiantes del grupo-clase de la materia de *Psicología de la Educación,* de los que el 67% eran mujeres y uno de los alumnos estaba adscrito en el PIUNE

(Programa de Integración de Universitarios con Necesidades Específicas de apoyo educativo). El grupo se subdivide en dos subgrupos en las prácticas o seminarios de la materia. En esta ocasión constaban de 40 y 38 estudiantes, a los que denominaremos B1 y B2 respectivamente. Para nuestra experiencia se crearon 21 equipos de trabajo de acuerdo con la información recabada a partir de las dinámicas de cohesión realizadas durante los meses anteriores. Se trataba de grupos heterogéneos en cuanto a iniciativa, capacidad de liderazgo, habilidades sociales, rendimiento académico y motivación. Cabe señalar que dos de las docentes conocían al alumnado al haberles impartido clase también durante el primer cuatrimestre.

Estos 21 equipos estuvieron compuestos en su mayoría por cuatro integrantes, salvo en cinco casos en los que se realizaron agrupaciones de 3 o 5 personas, al no ser posible otra combinación. Los mismos equipos se mantuvieron en tres materias diferentes durante el cuatrimestre, salvo pequeñas excepciones debidas a alumnado que no estaba matriculado en las citadas materias o que no coincidían en horarios. Se buscó esta estabilidad para promover un trabajo que permitiese crear vínculos de apoyo y responsabilidad duraderos que motivasen un mayor esfuerzo en las tareas, y mejorar así su desarrollo académico, emocional y social.

El aula disponible para el grupo B1 (40 estudiantes) contaba con una distribución tradicional, es decir, con mesas y sillas del alumnado orientadas unidireccionalmente hacia la pizarra, sin posibilidad de moverlas, al estar fijadas entre ellas y con poco espacio entre grupos. El aula usada por el grupo B2 (38 estudiantes), en cambio, permitía mayor movimiento y distancia entre los grupos de trabajo base.

Al inicio de la quinta unidad didáctica "El Constructivismo" se planificó la estructura cooperativa simple *Lectura compartida* con el objetivo de introducir el tema y sensibilizar sobre una temática concreta, favoreciendo al mismo tiempo el desarrollo de habilidades de trabajo cooperativo (Pujolàs, 2009a). En el grupo B1 se empleó la lectura de un texto de un manual académico sobre el constructivismo y su relación con teorías del aprendizaje previas. Mientras, en el grupo B2 se empleó un texto de carácter divulgativo sobre cómo afecta el *scroll* del móvil al aprendizaje, a la atención y a la memoria.

Cómo lo hicimos

Las 40 personas integrantes del B1 entraron en el aula, colocándose como es habitual desde el inicio del cuatrimestre, por equipos de trabajo base. Se les recordó que, en la medida de lo posible, tratasen de situarse de modo que todo el alumnado pudiera verse entre sí.

Tras saludar al alumnado, las docentes explicaron:

– "Hoy vamos a realizar una lectura, pero esta vez la haremos de modo diferente. Como veis, tenéis un folio en blanco y un extracto de la bibliografía de la materia sobre una teoría que vamos a ver en las próximas semanas: el constructivismo".

Seguidamente, se pidió que cada integrante se identificara al inicio del folio con un bolígrafo de color diferente que sería el mismo que usarían al realizar los resúmenes individuales, explicándoles a continuación (véase Figura 3):

– "El miembro del equipo que sea el primero por orden alfabético de apellido (estudiante 1) comenzará a leer el primer párrafo en voz alta, el resto de los integrantes del equipo debéis estar muy atentos. La siguiente persona, siguiendo el sentido de las agujas del reloj (estudiante 2), debe escribir un resumen de lo que ha escuchado con sus propias palabras. Los restantes miembros del equipo (estudiantes 3 y 4) deberán estar atentos para enriquecer el texto y corregir cualquier error, ya que el resumen final será la entrega del equipo".

Por último, se les explicó que, al terminar de escribir el resumen del primer párrafo, en el segundo turno:

– "Leerá el estudiante 2 (la misma persona que previamente escribió el resumen) y redactará el resumen el estudiante 3 (siguiente en el sentido de las agujas del reloj), los miembros 4 y 1 deberán completar lo que se escriba. Repetiremos esta secuencia hasta que todas las personas del equipo hayan adoptado todas las tareas (leer, resumir y supervisar) y se haya completado la lectura íntegra del extracto".

Se les indicó también que, si en el texto aparecía alguna expresión o palabra que nadie del equipo de trabajo entendiese, ni tan siquiera tras consultarlo, debían preguntar a otros equipos si ellos lo comprendían. En caso de que no fuese así podían preguntar a las docentes.

En el grupo B2 se siguieron similares directrices, pero con ciertas modificaciones en base a las dificultades observadas en el primer grupo. Se modificó el texto, escogiendo uno que tuviese también relación con la unidad didáctica, pero con un lenguaje más divulgativo y contenido

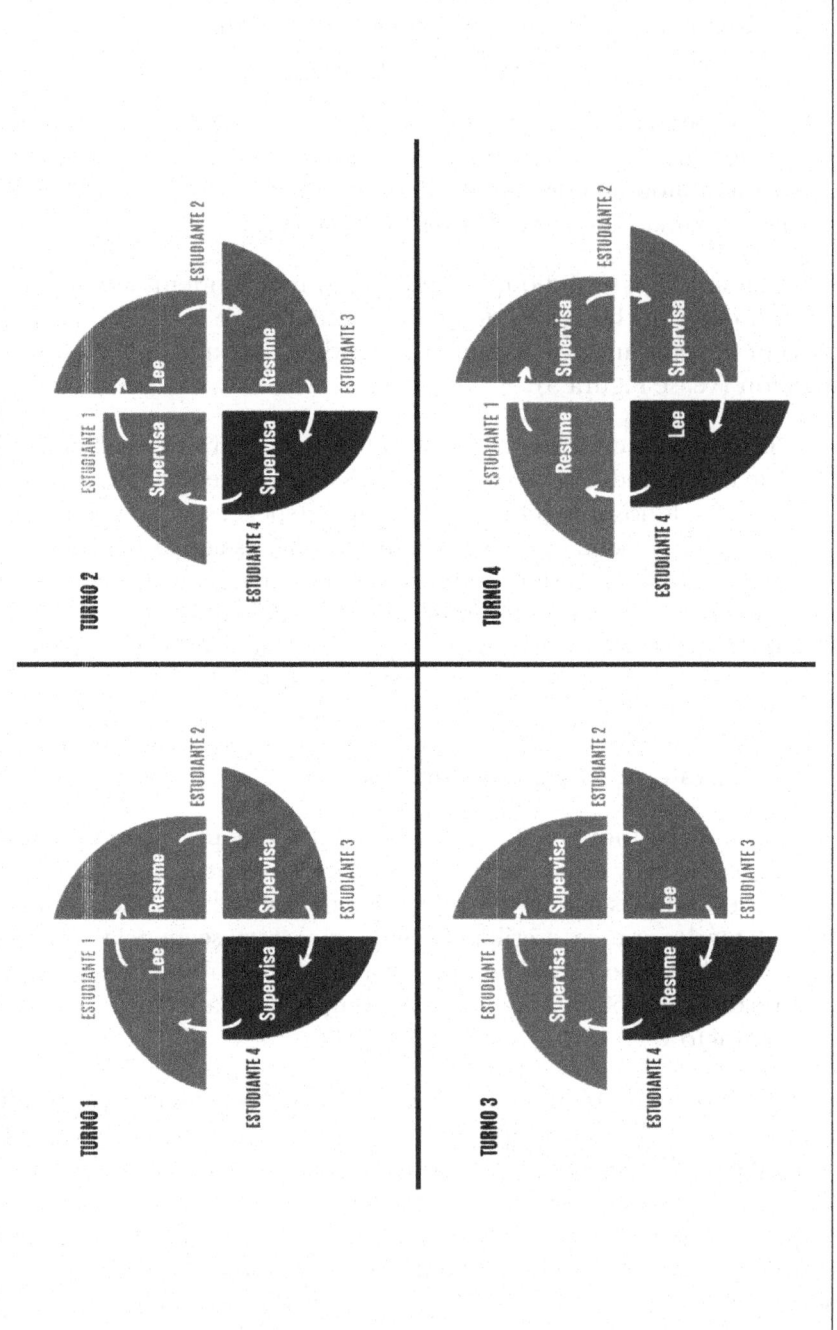

Figura 3. Esquema de roles por turnos en la Lectura compartida

más próximo a sus experiencias. Además, en este caso, se solicitó un aula más grande. Por último, las instrucciones de la estructura de la *Lectura compartida* fueron adelantadas en formato vídeo, pidiendo a todas las alumnas y alumnos que lo viesen antes de la clase. En este vídeo también se les indicó que:

- El objetivo es construir de modo cooperativo un texto que posea sentido por sí mismo, sin necesidad de recurrir al documento original para su comprensión.
- Se debe enunciar en alto el resumen antes de escribirlo.
- Se escribe el resumen una vez que el compañero o compañera ha terminado de leer, evitando que se produzca un dictado.
- El resumen no debe ser extenso, sino sintético y conteniendo las ideas principales.
- No hay que limitarse únicamente a aceptar sin más el resumen realizado, sino intentar hacer correcciones o sugerencias para enriquecer el texto de cada integrante del grupo.

Al finalizar la clase se recogieron los resúmenes y se pidió a los estudiantes que escribiesen los puntos fuertes y débiles para mejorar la realización de la tarea de leer un texto.

Cómo salió

En el primer grupo-clase (B1) se observó que en la mayoría de los equipos se seguía una estrategia similar. La persona que debía realizar el resumen paraba repetidamente a la persona que leía para que le diese tiempo de anotar las ideas o incluso le solicitaba que le dictase alguna oración. De este modo, desaparecía la lectura fluida, la necesidad de prestar atención y además los miembros que no leían ni escribían perdían el hilo, impidiendo la reflexión y sugerencias que pudiesen enriquecer el texto.

En la mayoría de los equipos no se pudo observar un verdadero trabajo cooperativo. Además, pese a que las docentes presentes trataron de favorecer la cooperación, invitando a colaborar con el compañero que hacía el resumen, esta tarea también se veía dificultada por las características del aula. Su tamaño limitado impedía que hubiese espacio entre los grupos por lo que existía demasiado ruido como para mantener la atención o, incluso, escuchar al compañero o compañera que estaba leyendo. Algunos grupos no lograron finalizar la tarea con la calidad que les hubiese gustado.

La mayoría de los equipos del grupo B1 consideraron que la tarea era compleja, larga y confusa y preferirían haberla hecho de modo individual, con testimonios como:

> *No consideramos que esta técnica sea útil, leer cada uno en individual y luego comentarlo sería más útil.*
>
> *Ha sido muy complejo, sería mejor leerlo individualmente.*
>
> *Nos parece una estructura novedosa, pero muy compleja y confusa, preferimos tener un apoyo textual en lugar de auditivo, pues en la mayoría de los casos necesitamos que nos leyeran más de una vez el texto.*
>
> *Es una tarea muy larga, se pierde mucho tiempo, sería más rápido y claro hacerlo en individual.*

Tras las observaciones y comentarios del alumnado descritos se decidió hacer varias modificaciones en el grupo B2 encaminadas a crear un entorno que pudiese favorecer una comunicación más clara y una mejor atención. Así, se empleó un aula más amplia para impedir distracciones por las voces de las y los otros, un texto más cercano a sus intereses y se complementó la información para la realización de la tarea con un vídeo explicativo previo.

En este segundo grupo se pudo observar una mayor cooperación en el trabajo grupal. No se apreciaron dictados ni interrupciones frecuentes. Los comentarios, correcciones y enriquecimiento de los resúmenes por parte de las personas del grupo fueron más frecuentes, apreciándose una participación más equitativa. El estudiantado se mostró más motivado por la tarea. La calidad de los resúmenes fue superior, se apreció un mayor nivel de coherencia y cohesión entre las partes, y también fue necesario menos tiempo para finalizar la tarea. Por último, la retroalimentación de los diferentes equipos de trabajo fue más positiva con respecto a la temática.

Uno de los aspectos más destacados por los estudiantes fue el modo en que esta estructura facilita o dificulta la focalización de la atención y el recuerdo. Varios de los comentarios destacaron que leer el texto de este modo favorecía ambos procesos:

> *Esta actividad está muy bien, ya que al escuchar a los compañeros/as se debe prestar más atención al texto, por lo que lo recordamos mejor.*
>
> *Consideramos que ha sido más útil hacer así el resumen que de modo individual, ya que al tener que escuchar al compañero se capta mejor nuestra atención.*
>
> *Está bien porque si se te olvida algo te pueden ayudar, pero al tener que resumirlo una persona que solo lo escuchó una vez puede ser difícil.*

Sin embargo, algunos equipos destacaron que les hubiese resultado más sencillo haberlo hecho de modo individual:

Consideramos que la lectura individual nos ayudaría más que esta dinámica, ya que al leer en alto no quedan tan claras las ideas principales del texto. Esto se puede deber a que en el modo en el que hemos trabajado hemos tenido que estar mucho más concentrados y prestando más atención de lo normal.

Es mejor en individual porque percibes mejor la información.

Consideramos que es más rápido y más fácil en individual porque podemos interiorizar mejor el contenido y de modo más tranquilo.

El alumnado también detectó que esta tarea podía favorecer la comprensión y la calidad del resumen al permitirles resolver dudas, evitar olvidos, contrastar puntos de vista y enriquecer el contenido final:

Aquello de lo que no se acuerda una persona que está escribiendo podrá ser completado por el resto del grupo.

Consideramos que la mejor opción es hacerlo así, en grupos, en comparación con individual, de este modo, conseguimos sintetizar mejor la información y podemos comparar nuestras diferentes perspectivas.

Nuestro grupo piensa que hacer un resumen en grupo puede resolver dudas, incluir cosas que te olvidas y tener otras opiniones, pero en individual puedes ganar tiempo.

Qué aprendimos

Una importante ventaja de trabajar un contenido curricular mediante la *Lectura compartida* es que permite no solo trabajar la comprensión de un texto, sino también desarrollar importantes competencias para la vida académica y el futuro profesional. En este tipo de actividad todos los estudiantes tienen un rol activo e interdependiente. Existe una responsabilidad individual: por ejemplo, es importante que el primer estudiante lea de modo claro, adecuándose a las necesidades de sus compañeros y compañeras. Además, todos los miembros del grupo deben participar asumiendo diferentes papeles para poder completar con calidad la tarea, reforzando así la cooperación y la cohesión.

Sin embargo, diseñar y poner en práctica la actividad adecuadamente es de vital importancia para poder conseguir estos beneficios. Según Felder y Brent (1994) existen muchos métodos eficaces de AC, pero es imprescindible que el profesorado que promueve este tipo de aprendizaje en sus aulas fije objetivos claros que su alumnado deba alcanzar y defina procedimientos adecuados para trabajar juntos.

En la realización concreta de esta estructura cooperativa se tomaron decisiones basadas en el conocimiento adquirido en la realización de dinámicas previas (véase propuestas de mejora del capítulo de *La pelota*).

La profesora habitual de la materia estuvo acompañada por una o dos docentes que asumieron el rol de observadora-investigadora. También se creó una plantilla para poder registrar más fácilmente la información y se pidió al alumnado que se identificase con un cartel para facilitar el registro. Por último, se solicitó a los estudiantes que, al finalizar la actividad anotasen su valoración de esta. Estas estrategias fueron tremendamente útiles, ya que permitieron poder recabar más y mejor información y poder llevar a cabo cambios en el grupo B2.

El *aula* en la que se llevó a cabo la tarea en su primera implementación, con el grupo B1, era inadecuada por su tamaño y distribución. El espacio reducido impedía que hubiese suficiente distancia entre los grupos para tener una comunicación clara entre los integrantes del mismo equipo. Además, la imposibilidad de mover el mobiliario añadió una barrera más a la interacción. Es imprescindible para llevar a cabo esta estructura contar con un aula amplia y con una disposición del mobiliario adecuada, como en el grupo B2, ya que facilita la comunicación, tal y como se observó en el menor número de comentarios de los alumnos referidos a la dificultad para concentrarse.

El *texto* que se empleó para la lectura en el primer caso resultó ser menos apropiado que en el segundo. Este texto contenía un gran número de definiciones y constructos teóricos nuevos, por lo que el miembro del grupo encargado del resumen acababa solicitando al compañero con el rol de lector que le dictase conceptos o expresiones con las que estaban poco familiarizados. No se pudo apreciar un verdadero trabajo cooperativo, predominando el trabajo en paralelo/individual. Probablemente hubiese sido más idóneo emplear este texto durante el transcurso de la unidad o al final de esta para que los alumnos tuviesen nociones suficientes que les permitieran entender la temática. Consideramos que el texto empleado con el segundo grupo fue más adecuado al favorecer la reflexión y activar conocimientos previos más cercanos a los estudiantes sobre los que les resultaba más sencilla la reflexión.

Aunque *los pasos* para llevar a cabo esta estructura son sencillos, pueden resultar confusos la primera vez que se realizan. La mayoría de los equipos tuvieron dudas acerca de cómo realizar esta tarea en el grupo B1. En el grupo B2 se produjeron menos dudas al realizar la actividad. Consideramos que la visualización previa del vídeo, por parte del grupo B2, en el que se explicaron los diferentes roles y turnos de modo pausado y con apoyo visual, facilitaron la comprensión de la tarea.

Una vez realizadas las modificaciones descritas en el grupo B2 apreciamos un trabajo más cooperativo, una mayor implicación de los integrantes menos participativos, una participación más equitativa y una mayor reflexión sobre el contenido propuesto, así como una mayor conciencia de la utilidad y eficacia del trabajo cooperativo por parte del equipo.

En resumen, algunos consejos para implementar la *Lectura compartida* en el aula, derivados de esta experiencia, consistirían en: elegir un *texto adecuado* al nivel de los estudiantes (interesante y desafiante pero no demasiado difícil) y al momento curricular en que se lleva a cabo (inicio, final de la secuencia de enseñanza-aprendizaje); buscar un *espacio-aula adecuado* que permita, o que al menos no dificulte, la comunicación entre los integrantes de los equipos; conformar grupos de *estudiantes heterogéneos* reflejo de la estructura de la clase, para facilitar la colaboración en función de los distintos niveles de habilidad; proporcionar *instrucciones claras y específicas*, explicando a los participantes qué se espera de ellos con la *Lectura compartida*; fomentar una *retroalimentación* a los estudiantes que les ayude a identificar sus fortalezas y las posibilidades de mejora y contar con la *participación de más de una docente* en el aula facilitando el empleo de sistemas de registro durante el transcurso de la actividad, logrando así una recogida de datos más fiable.

Trabajar en equipo de modo cooperativo nos permite enriquecernos con los conocimientos y experiencias de los compañeros y compañeras, pero también con las nuevas ideas que surgen de la propia interacción. Esto se aplica al estudiantado, pero también a los docentes implicados en este tipo de estrategias de aprendizaje.

Haber podido compartir la puesta en práctica de esta estructura fue clave para detectar errores, poder corregirlos y desear seguir aprendiendo de la experiencia compartida.

Ámbito de intervención B

3.2. 1-2-4

Mercedes González-Vázquez
Ana Iglesias-Álvarez
Marcos Loureiro-Ga

De dónde partimos

Este capítulo versará sobre la estructura básica simple de AC denominada *1-2-4*. Para comenzar a implementar esta estructura, partimos de los equipos base que han sido previamente formados en el aula, formación en la que no incidiremos, dado que esta cuestión ha sido abordada en capítulos previos. No obstante, realizaremos alguna observación puntual a lo largo del capítulo.

La estructura se desarrolla en una serie de pasos que se detallan a continuación. Primero, cada estudiante (de ahí el **1** en el nombre) piensa en la respuesta a una pregunta o problema planteado por el docente hasta llegar a una conclusión o respuesta individual. Posteriormente, se agrupan de dos en dos (de ahí el **2** en el nombre) para intercambiar y discutir sus respuestas con uno de sus compañeros del equipo base. Deben consensuar una postura común debatiendo las opiniones o resultados obtenidos por cada uno de ellos. Finalmente, todo el equipo (de ahí el **4** en el nombre) reflexiona para llegar a un consenso sobre la respuesta más adecuada a la pregunta, de modo que se promueve la colaboración y el intercambio de ideas entre el estudiantado (García-Pérez, 2015; Pujolàs, 2009b).

Entre las estructuras simples que ofrece el AC, consideramos que la que ocupa este capítulo, *1-2-4*, se distingue de las demás en que se adecúa a actividades que requieren reflexión y análisis por parte del alumnado con el objetivo de que este resuelva un problema (Fragueiro et al., 2012).

Proponemos, por tanto, la estructura *1-2-4* especialmente para activida-des con cierto grado de dificultad y que demandan tiempo para ser resueltas. Frente a ella, otras estructuras como *Lápices al centro* se adap-tan más a la resolución de varias preguntas breves, en las que se pueden incluir diferentes grados de complejidad. Otras, como la *Parada de tres minutos* o el *Juego de palabras*, son estructuras destinadas a complemen-tar las explicaciones teóricas, con el fin de comprobar la asimilación de contenidos por parte del alumnado. Por último, para finalizar esta breve introducción, cabe mencionar la existencia de variaciones de esta estructura, tales como la llamada *Estructura 4-2-1* (García-Pérez, 2015), que consiste en llevarla a cabo con el orden inverso en la secuenciación de las actividades; no obstante, al no formar parte de los objetivos de este capítulo, no nos adentraremos en su análisis.

Qué planificamos

Hemos implementado la estructura básica simple *1-2-4* a un perfil diverso de alumnado de la Facultad, tanto en cuanto al curso, como al tipo de asignatura: una del ámbito lingüístico y otra del científico, lo que pone de relieve su versatilidad. En concreto, se ha implementado en *Lingua galega* en primer curso del Grado en Educación Infantil y en segundo curso de Educación Primaria y, por otra parte, en *Matemáticas*, que se imparte en tercer curso de Educación Infantil.

En las tres asignaturas, la docencia se organiza en tres tipos de agru-pamientos: grupos A, donde se encuentra todo el alumnado, destina-dos principalmente a la exposición teórica; grupos B, en los que el alumnado se divide en dos (aproximadamente 40 estudiantes), y seis grupos C, que cuenta cada uno de ellos con aproximadamente 16 estu-diantes. La intervención se ha llevado a cabo en los grupos B en las asignaturas de *Lingua galega* y en los grupos C en *Matemáticas para mes-tres*, no solo por el menor tamaño, sino también porque son clases des-tinadas a actividades más prácticas. En ambos casos, grupos B y C, se dedicó toda la sesión (una hora) a la actividad.

En el caso de la asignatura de *Lingua galega*, en los dos cursos en que se aplicó, hemos contemplado en la formación de los equipos cooperati-vos el criterio del conocimiento y uso de la lengua gallega, con el obje-tivo de que los grupos presentasen heterogeneidad en este sentido, aparte de los criterios ya expuestos en el capítulo *el AC en la Universidad*. De esta forma, intentamos, siempre que fuera posible, que se integrasen gallegohablantes y castellanohablantes, con el fin de que aquellos pudiesen actuar como modelos lingüísticos de referencia para sus compañeros y compañeras.

Por el contrario, en la asignatura de *Matemáticas para mestres*, los equipos se formaron en función de las preferencias y relaciones previas del alumnado; esto es, sin que el docente estableciese un criterio de agrupación. Como veremos en los resultados, esto nos ha permitido contrastar el funcionamiento de la estructura según se trate de equipos cooperativos o equipos formados en función de las preferencias y relaciones previas del alumnado.

Cómo lo hicimos

En esta sección detallaremos cómo se ha llevado a cabo la propuesta en el aula para las diferentes asignaturas indicadas en la sección anterior.

Lingua galega. Grado en Educación Primaria (2º curso)

Decidimos emplear la estructura simple *1-2-4* para implementar en clase la lectura comprensiva y crítica de una forma práctica, ya que llevamos tiempo detectando en el alumnado problemas a la hora de comprender textos de cierta longitud, en el sentido de que les cuesta seleccionar y extraer la información más relevante, así como interpretar adecuadamente la intención del mensaje. Recurrimos con este fin a dos artículos periodísticos que se catalogarían en principio como noticias, aunque revelan un tratamiento de la información sesgado y, por lo tanto, un alto grado de subjetividad.

Pensamos que, al tratarse de dos artículos que presentan el mismo tipo de datos desde perspectivas diferentes, al alumnado le resultaría más fácil descubrir la intención comunicativa subyacente, mediante el análisis contrastivo de ambos. Escogimos, además, como temática la situación social de la lengua gallega, por estar estrechamente relacionada con la asignatura, aunque no se incluya de forma explícita en los contenidos. El objetivo último es desarrollar una de las habilidades lingüísticas básicas en el aprendizaje de cualquier idioma, como es la lectura, más aún en la sociedad actual, en la que la lectura y la escritura alcanzan nuevas dimensiones a través de las redes sociales (Sánchez, 2018). Por supuesto, como la propia estructura fomenta el diálogo entre los compañeros y compañeras, así como la exposición en público (ante el resto de la clase, por parte del portavoz del equipo), también se está trabajando de forma indirecta la producción oral, tan importante en la enseñanza-aprendizaje de lenguas.

En la Tabla 1 presentamos la información más relevante de cada artículo, cuyos titulares ya evidencian el diferente enfoque que en cada uno se adopta:

TABLA 1. RESUMEN CON LOS DATOS RELEVANTES SOBRE LOS ARTÍCULOS EMPLEADOS EN LA ACTIVIDAD PROPUESTA	
Artículo 1	Artículo 2
Fuente: *La Voz de Galicia*	Fuente: *Praza*
Autor: Manuel Varela Fariña. 04/01/2023	Autor: Marcos Pérez Pena 20/12/2022
Titular: O galego fálase nas cidades galegas máis que o catalán en Barcelona ou o vasco en Bilbao	Titular: O Censo sitúa por vez primeira o castelán como a lingua usada con máis frecuencia en Galicia
Enlace: https://www.lavozdegalicia.es/noticia/galicia/2023/01/03/span-langgl-galego-falase-nas-cidades-galegas-mais-catalan-barcelona-ou-vasco-bilbaospan/0003167276597171717487848.htm	Enlace: https://praza.gal/acontece/o-censo-situa-por-vez-primeira-o-castelan-como-a-lingua-usada-con-mais-frecuencia-en-galicia

Antes de comenzar la actividad, se pidió al alumnado que leyese con atención los artículos, fijándose también en los titulares y la imagen que acompañaba cada uno de ellos. Se les solicitó que explicasen por qué los mismos datos daban lugar a artículos tan diferentes, así como que indicasen la intención de cada uno, insistiendo en que reparasen en la selección de la información realizada, la manera de destacarla o el orden en que se presentaba.

Para que el alumnado siguiese la estructura *1-2-4*, proporcionamos las siguientes indicaciones, ya que era la primera vez que la utilizaban, aunque ya habían trabajado en el cuatrimestre anterior los mismos equipos con otras estructuras simples, como *El folio giratorio* o *Lápices al centro*, que se explican más adelante en otros capítulos:

- Leer ambos artículos y reflexionar de forma individual sobre las cuestiones propuestas.
- Intercambiar las respuestas por parejas dentro del equipo y, una vez alcanzada una respuesta común, redactarla por escrito de forma breve.

• Por último, todo el equipo debe debatir cual es la respuesta más adecuada, hasta llegar a un consenso. Un portavoz de cada equipo será el encargado de exponerla en voz alta en la clase.

Lingua galega. Grado en Educación Infantil (1º curso)

En lo tocante a la asignatura de *Lingua galega* en el grado de Educación Infantil el procedimiento para trabajar con esta estructura partía, como en el caso anterior, de una agrupación previa del alumnado en equipos. Una vez agrupados, se le explicó al alumnado que aprenderían frases hechas o modismos autóctonos con el objetivo de no perder su conocimiento ni su uso. Además del propósito de que el alumnado adquiriese el significado de las construcciones fijas, se perseguía un análisis de carácter cultural sobre el origen de dicha fraseología. Algunas expresiones pertenecientes a la lengua y cultura gallega que se trabajaron fueron: "*Morra o conto*"; "*A vaquiña polo que valé*"; "*Madia levá*"; "*A todo porco lle chega o seu San Martiño*"; "*Andar á miñoca*"; "*Estar de bo ano*"; "*Moito gando para pouca herba*"; "*Por un lado xa ves e por outro que queres que che diga*", etc.

Para dar comienzo a la actividad, dedicamos los cinco primeros minutos a presentar la tarea y explicar los objetivos y pasos de forma motivadora. A continuación, se les hizo entrega de dos textos diferentes a cada pareja dentro del equipo, textos con fraseología popular contextualizada como el que se muestra en la Figura 4. Si un equipo estaba conformado por cinco estudiantes, una pareja se encargaba del texto A y un trío del texto B. En cada texto se presentaban ocho frases de las cuales cuatro, las más desconocidas, eran comunes a ambos textos, A y B. Al tratarse de textos contextualizados, no solo aprendieron el significado de los modismos, sino que también comprendieron en qué contextos utilizarlos y qué matices presentan. De este modo, fueron conscientes del significado pleno y del uso, evitando fallos tanto de comprensión como de emisión.

Dispusieron de cuarenta minutos distribuidos del siguiente modo: diez minutos para el trabajo individual (fase 1), quince para el trabajo en pareja (fase 2) y quince para el trabajo en equipo completo (fase 3 en equipo).

En primer lugar, cada miembro del equipo leyó el texto individualmente y pensó en las respuestas a las preguntas que se le habían formulado: explicar el significado y connotaciones de todas las frases que encontrara; delimitar los contextos en los que se pueden emplear (incluido también a quién se le puede decir y a quién no, según se trate de ámbito familiar, profesional, etc.); indagar en el origen cultural de la frase hecha; existencia de equivalencias de ese modismo en otras lenguas o si, por el contrario, era idiosincrásico o propio solamente de Galicia.

En segundo lugar, las parejas con el mismo texto pusieron en común sus respuestas a las ocho frases, aclararon dudas, presentaron sus opiniones, llegaron a acuerdos y conclusiones.

En la tercera fase, en grupos de cuatro, intercambiaron sus conocimientos y reflexiones, comprobaron la comprensión de las frases hechas, reflexionaron sobre los aspectos que atañían a la cultura gallega y, finalmente, plantearon otras frases hechas de su haber a todo el equipo.

Matemáticas para mestres. **Grado en Educación Infantil (3º curso)**

En la asignatura de *Matemáticas para mestres* del 3º curso del Grado en Educación Infantil hemos aplicado la estructura *1-2-4* en los grupos reducidos (grupos C) anteriormente indicados, creando 4 grupos de trabajo de 4 miembros cada uno. En esta primera intervención no fue posible realizar las dinámicas de cohesión de grupos y, de forma excepcional, se permitió que el alumnado escogiera y formara los grupos. Posteriormente el docente realizó reajustes observando las capacidades de cada grupo y las carencias o necesidades. La actividad propuesta, titulada *¿Dónde hay más pizza?*, tuvo una duración, al igual que en las otras dos asignaturas, de una sesión de 1 hora y está ubicada en la parte del temario relativa a la geometría en el plano. La actividad consiste en mostrarle al alumnado una imagen donde se puede observar una pizza familiar y dos pizzas medianas (Figura 4) y se plantea la cuestión: *¿Dónde hay más pizza?*

La descripción y temporalización de la sesión es la descrita a continuación. Los 5 primeros minutos se explica brevemente cómo trabajaremos en esta sesión y el funcionamiento de la estructura *1-2-4*. Se pide al alumnado que se sienten separados de sus compañeros de grupo para poder pensar sin ser interrumpidos o distraídos. Tendrán 10 minutos para reflexionar y pensar de forma individual la respuesta. Durante este tiempo pueden levantar la mano y hacer, de forma individual al docente, cuantas cuestiones consideren necesarias tales como dimensiones de las pizzas, el peso, los ingredientes... Este valorará si es necesario proporcionarle los datos o información solicitados o si por el contrario no es un dato o pregunta adecuada o relevante. Transcurrido

Figura 4. *Ejemplo de frase hecha empleada en la asignatura de Lingua galega.*
Derecha: Imagen de dos pizzas medianas y de una familiar empleada
en la actividad de Matemáticas para mestres.

dicho tiempo, se unirán con un compañero de su grupo y tendrán de nuevo otros 10 minutos para hacer una puesta en común de ideas, comentar sus reflexiones y decidir de forma consensuada la respuesta. Cada una de las parejas podrá también consultar cuestiones al docente como en el paso anterior. Por último, cada pareja pone en común sus reflexiones con su equipo para llegar a un consenso de equipo y establecer su postura al respecto sobre dónde hay más pizza.

A continuación, es el momento de puesta en común de ideas. El docente pregunta cuál es la postura de cada uno de los equipos y la anota en el encerado. Se pide al portavoz de cada equipo que elabore su respuesta razonando por qué han decidido eso. Se analiza en conjunto el razonamiento, los elementos correctos, los elementos incorrectos, las suposiciones que no son ciertas, etc.

Si alguno de los equipos ha obtenido la respuesta correcta, se ayuda y guía el razonamiento para que sea lo más formal posible matemáticamente dentro del nivel en el que nos encontramos. Si ninguno de los equipos lo logra, el docente hará énfasis y repasará bien las ideas necesarias sobre geometría que permitirán entender el problema de forma correcta.

Los últimos minutos de la sesión serán para reflexionar y evaluar la propia actividad y su trabajo como equipo, cubriendo un informe de equipo donde reflejarán el trabajo e impresiones de cada uno de ellos.

Cómo salió

En esta sección se analizarán los resultados de cada una de las intervenciones realizadas en las asignaturas anteriormente descritas.

Lingua galega. Grado en Educación Primaria (2º curso)

El resultado fue satisfactorio en general, aunque les costó mucho descubrir cómo los autores de los artículos empleaban los distintos datos estadísticos para ofrecer una visión del proceso de normalización lingüística en Galicia más positiva o más negativa. Quizás, como propuesta de mejora, podría ser interesante llevar a cabo esta actividad en combinación con la asignatura de matemáticas, que también se imparte en este curso y cuatrimestre, pues entra en juego el análisis de los datos estadísticos y cómo estos pueden ser fácilmente manipulables. Por otra parte, la mayoría no prestó atención al componente visual, las fotos que acompañaban cada artículo y que también contribuían a ese mensaje más positivo o negativo, pues en un caso la imagen reproducía una plaza de A Coruña, llena de gente y en el otro algunas terrazas de bares alrededor del mercado de Santiago, con poca gente y dos mesas vacías en primer término. Dada la importancia de la imagen en la sociedad actual, nos sorprendió la falta de atención a este aspecto.

En cuanto a la estructura en sí, la reacción del alumnado fue positiva, como ponen de manifiesto algunos de sus comentarios, que reproducimos a continuación:

> *O folio xiratorio ou 1-2-4 serven moi ben pra fomentar a repartición e colaboración por parte de todos os participantes.*
>
> *Penso que 1-2-4 é a que mellor me axuda a traballar, porque vai do individual ao grupal.*

También hubo alguna queja en el sentido de que esta forma de trabajar les obligaba a escribir demasiado, aunque en referencia en mayor medida a la estructura de *El folio giratorio*, que también se llevó a cabo con este grupo. En general, demandan más actividades orales, por lo que consideramos que la estructura *1-2-4* sí puede responder a esta necesidad, ya que, como comentamos, fomenta el diálogo primero en parejas y después el debate en pequeño grupo (en cada equipo) además de requerirles una presentación final ante el resto de la clase, que el profesor puede gestionar como una puesta en común e incluso debate en gran grupo.

El principal problema fue la falta de tiempo, ya que la hora que dura cada sesión de grupo B resultó escasa para poder completar todo el proceso y no todos los portavoces de los equipos pudieron llevar a cabo la exposición pública de sus conclusiones. Esto podría resolverse en parte si el alumnado ya llegase a clase con los artículos leídos de casa, ya que, además, en esta estructura esa primera fase es individual. Por supuesto, otra opción sería destinar a la actividad dos sesiones en lugar de una, de manera que la fase final de exposición pública se realizase en una segunda sesión.

Lingua galega. **Grado en Educación Infantil (1º curso)**

El alumnado se involucró activamente desde el comienzo de la actividad, pues es un aspecto de la lengua que todos/as conocen en diferentes grados, hecho que les permite aportar su contribución. En la fase 1, la individual, realizaron satisfactoriamente la tarea, excepto algunos estudiantes que necesitaron más tiempo para pensar en nuevas frases hechas y dos o tres estudiantes que afirmaron "no se me ocurre ninguna frase hecha". Relacionar las frases con algún aspecto cultural de Galicia les resultó algo más difícil en esta fase de trabajo individual. Si tomamos el modismo "*andar á miñoca*", por ejemplo, se trataba de relacionar el significado figurado de "no tener dinero" con el significado literal "andar buscando o cogiendo gusanos" ("*miñoca*", en gallego es un tipo de anélido o lombriz). En la fase dos, en parejas, comentaron todos los aspectos requeridos con manifiesto interés y el aspecto cultural fue completado.

Algún grupo, al no conocer ciertas frases, realizó la tarea en menos tiempo del propuesto. En la tercera fase, todo el equipo participó, compartieron sus aportaciones de nuevos modismos y realizaron las explicaciones por turnos, al tiempo que buena parte del origen cultural de las frases fue aclarado.

Constatamos que la mayoría de los grupos no pudo terminar esta última fase, por lo que se precisa de más tiempo del que se concedió. Cabe destacar que, para la puesta en común en gran grupo, donde cada portavoz de los equipos sugiere ideas o aclara cuestiones, se requiere más tiempo del que disponíamos.

En este tipo de actividades en las que se parte de un conocimiento común básico, debemos combinar frases hechas fáciles (p. ej. "*poñer o carro diante dos bois*", "*a barriga non ten ollos*") con otras que suponen un considerable esfuerzo de análisis para la mayoría (p. ej., "*¡Madia leva!*").

No obstante, en la segunda y tercera fase, el alumnado logra, en su mayoría, colaborativamente las respuestas. Como se defiende en los estudios de motivación, resulta importante combinar ambos grados de dificultad, fácil y difícil, para evitar desmotivación y sentimiento de incapacidad de resolver la tarea, con el consiguiente efecto negativo sobre la autoestima del alumnado.

A lo largo de toda la actividad se comprobó que el alumnado reflexionó y participó con interés intercambiando sus diferentes percepciones. Junto a ello, fueron conscientes de la importancia de la relación existente entre lengua y cultura, al tiempo que aprendieron contenidos nuevos sobre el uso, origen y significado de las frases hechas.

Matemáticas para mestres. **Grado en Educación Infantil (3º curso)**

La actividad *"¿Dónde hay más pizza?"* descrita en la sección anterior fue puesta en práctica en los seis grupos C de la asignatura. Tras explicar la actividad, el alumnado comenzó a trabajar de forma individual en el razonamiento de la respuesta. Parte del alumnado realizó cuestiones básicas como tamaño de las pizzas, ingredientes, precios, etc. Algún alumno solicitó también que le recordase cómo se calcula el área de un círculo.

Sorprendentemente, aunque parte del alumnado consultó sus dudas o curiosidades en los primeros minutos de reflexión, otra gran parte del alumnado no hizo ninguna pregunta alegando que no saben qué preguntar. Esto muestra el escaso poder de imaginación y el constante hábito de trabajar en matemáticas con problemas estructurados dónde todos los datos aparecen en el enunciado y sin dejar lugar a la creatividad o indagación e investigación. Es evidente que son necesarias más intervenciones similares para continuar ejercitando este tipo de reflexión. También se dio algún caso puntual de alumnado que se bloqueaba en ese primer paso de la actividad y mostró una actitud poco proactiva y sin interés durante el resto de la sesión. Posiblemente un mecanismo de defensa ante el miedo a no hacerlo bien, o quedar en evidencia delante de los compañeros y compañeras; un claro ejemplo de ansiedad matemática.

Por lo general, en la mayoría de los grupos las respuestas en el primer paso de reflexión personal tendían a ser: "hay más pizza en dos medianas". El razonamiento mayoritario, tras consultar los tamaños de las pizzas era el siguiente: "como dos medianas tienen más diámetro que la familiar, hay más pizza en dos medianas".

Al pasar a la segunda fase, de reflexión por parejas, los que habían razonado que "hay más pizza en la familiar" solían convencer a sus compañeros con su razonamiento, ya que solía ser más elaborado y había una reflexión más profunda. Análogamente en el paso al grupo. Por lo que la respuesta final de los grupos era equilibrada: prácticamente la mitad de los grupos opinaban que había más pizza en dos medianas y la otra mitad en una familiar.

Llegados a esta situación, se analizó el razonamiento expuesto por cada grupo ante el resto de la clase. Entre todo el alumnado se intentaba justificar si cada uno de los pasos dados o afirmaciones realizadas eran ciertas o falsas. Conjuntamente se llegaba a la conclusión de que, con las medidas proporcionadas por el docente, hay más pizza en una familiar que en dos medianas.

Qué aprendimos

Tal y como se ha expuesto anteriormente, en las asignaturas de *Lingua galega* se emplearon las técnicas correspondientes para la formación de los equipos, pero en la asignatura de *Matemáticas para mestres* no fue posible en esta primera implantación. Al permitir que el alumnado comenzase creando sus propios equipos de trabajo, se pudo observar que ciertos grupos eran muy homogéneos y no contaban con perfiles variados y diversos. Por ese motivo, se realizaron las modificaciones pertinentes por parte del docente para ayudar a equilibrar la heterogeneidad dentro de los mismos, creando un nivel más homogéneo entre los diferentes grupos dentro del aula. Esto refuerza la necesidad de emplear las dinámicas de cohesión de grupos descritas en el capítulo del *Ámbito A*.

Además de las ventajas sobre la mejora del clima, motivación y confianza, otro logro de la actividad *1-2-4* es la suma armónica del conocimiento base o de partida de todo el alumnado: partiendo de cada conocimiento individual, sumamos la interpretación en interacción de ese conocimiento, y de ahí surge un conocimiento final multiplicado, consensuado y compartido, creado desde una perspectiva múltiple.

Por otra parte, el alumnado, al verse enfrentado a las respuestas de sus compañeros, que pueden no coincidir con la suyas, se sitúa ante la necesidad de tener que defender su postura, lo cual potencia las habilidades argumentativas y el espíritu crítico, que tienen que aplicar de forma reflexiva, evitando respuestas improvisadas y aceleradas. Por ese motivo, resulta primordial que, en la primera parte de la actividad, las fases 1 (individual) y 2 (por parejas), además de ofrecer tiempo suficiente para reflexionar, se les pide que ofrezcan sus respuestas siempre de forma fundamentada.

En la fase 3 (debate en equipo) y la posterior exposición pública ante la clase, el papel del profesor como moderador adquiere gran relevancia, pues llevaremos a cabo un debate grupal, pero solo en aquellos casos en que se dé la suficiente divergencia entre las respuestas, pues de lo contrario puede resultar repetitivo y desmotivador. En este sentido, también va a depender del número de equipos con los que se trabaje. Así, en el caso de los grupos B (40 personas aproximadamente), la convivencia de 10 equipos (de cuatro personas cada uno) puede perjudicar este proceso final, además del hecho de que se precisa más tiempo. En cambio, si la estructura se implementa en grupos clase más pequeños, como fue el caso de la actividad de matemáticas (grupos C con solo 4 equipos por grupo), esta parte puede resultar más fácil y productiva. De hecho, en nuestro caso, solo en *Matemáticas para mestres* se llevó a término plenamente la actividad, mientras que en el caso de las dos actividades de *Lingua galega* no se finalizó la puesta en común ni el debate.

En conclusión, con el fin de extraer el máximo rendimiento a esta estructura, nos parece fundamental planificar con detalle tanto el grado de dificultad de la actividad como los tiempos de reflexión e intervención de los diferentes equipos.

Ámbito de intervención B

3.3. El folio giratorio

Virginia Acuña-Ferreira
Mar Fernández-Vázquez

De dónde partimos

En este capítulo se expondrán dos experiencias docentes basadas en la implementación de *El folio giratorio*, una de las estructuras de AC creadas por Spencer Kagan (1992), denominada originariamente *Roundtable* en inglés (literalmente, 'mesa redonda'). Básicamente, esta estructura consiste en que los alumnos, organizados por equipos, resuelvan una tarea que requiere múltiples respuestas, escribiéndolas por turnos en un folio que se van pasando. Además, se les puede pedir que elogien la aportación de quien acaba de pasarles el folio y/o que traten de alcanzar un consenso antes de que se escriba cada contribución, es decir, que mantengan cierto debate sobre cómo han de ser las respuestas; en este caso, se habla de *Roundtable consensus*, (lit. "mesa redonda de consenso", Kagan y Kagan, 2009).

Existen otras posibilidades que también conllevan cambios en la denominación de la estructura, una especie de variantes. Así, se puede organizar a los estudiantes por parejas en lugar de por equipos, en cuyo caso se habla de *RallyTable* (lit. 'mesa de rally'). También se puede optar por un 'folio giratorio simultáneo' (*Simultaneous Roundtable*, literal: "mesa redonda simultánea"), en el que cada alumno o alumna cuenta con su propia hoja para contribuir a la tarea y ampliar las aportaciones de los demás. Esta variante permite que todos los miembros del equipo puedan escribir y pasarse los folios al mismo tiempo (Kagan y Kagan, 2009).

En las prácticas educativas que vamos a describir aquí, se ha optado por usar un único folio y organizar a los estudiantes por equipos y por introducir, además, una de las posibilidades o variantes antes mencionadas. De acuerdo con Pujolàs y Lago (2011), partimos de la idea de que todo el equipo debe responsabilizarse de lo que se escriba en el folio, por lo que deberá buscarse un acuerdo sobre las respuestas, antes y/o durante su redacción.

Se implementará, por tanto, el *Roundtable consensus*, según Kagan y Kagan (2009), siguiendo los pasos marcados por Pujolàs y Lago (2011): a) el estudiante que tenga el turno debe comentar a sus compañeros de equipo lo que piensa escribir, para que estos confirmen si es correcto o pertinente; y b) mientras uno escribe, los demás deben estar pendientes para observar si lo hace bien y corregirle si lo ven necesario. De este modo, además, se acota la duración variable de esta estructura a un tema concreto y se potencia la participación equitativa y la interacción simultánea entre los miembros del equipo.

En general, Kagan (1992) destacó la utilidad del folio giratorio para generar ideas o revisarlas y para desarrollar habilidades. En esta línea, Pujolàs y Lago (2011) explican que la tarea o actividad de aprendizaje puede basarse en una lista de palabras, en la redacción de un cuento, en realizar una tormenta de ideas sobre un determinado tema, en una frase que resuma una idea fundamental de un texto o tema... Además, estos autores dan orientaciones sobre cómo puede emplearse *El folio giratorio* a lo largo de una unidad didáctica: a) antes de comenzarla, para conocer las ideas previas sobre el tema; b) en su inicio, para comprobar la comprensión de una explicación, un concepto, un texto... c) durante su desarrollo, para resolver problemas o realizar ejercicios, y d) tras finalizarla, para responder cuestiones o construir frases que resuman el texto trabajado.

A partir de estas orientaciones, planificamos dos actividades basadas en esta estructura para su realización con estudiantes del Grado en Educación Primaria. Las materias en las que trabajamos cada una de estas actividades están, además, estrechamente vinculadas desde el punto de vista académico, ya que se trata de *Lengua española*, de 2º curso, y *Didáctica de la lengua y la literatura: Español*, del 3er curso.

Qué planificamos

En el caso de *Lengua española*, *El folio giratorio* fue la estructura seleccionada para la realización de una actividad centrada en repasar contenidos de las dos primeras unidades didácticas del curso, en las que se abordaron conceptos y cuestiones teóricas relacionadas con la Lingüística y el estudio del lenguaje humano y las lenguas, a modo de introducción a la materia. Esta actividad de repaso se consideró necesaria como paso previo a la realización de un examen parcial en el ecuador del cuatrimestre, en el que se incluirían algunas preguntas sobre estos contenidos. *El folio giratorio* nos pareció una buena técnica para repasarlos cooperativamente, trabajando en equipo, en la medida en que esto fomentaría la reflexión y el intercambio de información entre el alumnado. Podría decirse, por tanto, que en este caso *El folio giratorio* se planteó como una técnica de estudio cooperativo, para trabajar en la comprensión y síntesis de conceptos y cuestiones teóricas básicas en la materia.

La actividad se programó para una de las clases teóricas, a pesar de que esto planteaba, *a priori*, dos de los inconvenientes más comunes para la implementación del AC en la universidad (Domingo, 2020): a) espacios inadecuados, ya que teníamos un aula estilo auditorio, con filas de bancos y mesas fijos, dispuestos en diferentes niveles o pisos (muy lejos, por tanto, de la idea de 'mesa redonda' que se asocia con *El folio giratorio*), y b) un alto número de estudiantes, en torno a los ochenta, ya que para las sesiones teóricas el alumnado no se dividía en dos o más grupos, como sí suele hacerse en el caso de las clases prácticas. Por el contrario, una ventaja de estas sesiones teóricas era su duración, unas dos horas, lo que hacía muy poco probable que el tiempo pudiera destacarse como otro de los problemas comúnmente asociados al AC, ya que a menudo se percibe que "los estudiantes son muy lentos trabajando" (Domingo, 2020, p. 44); contar con una sesión de dos horas daba tranquilidad en este sentido, sobre todo teniendo en cuenta que, tras finalizar la actividad, pediríamos además a los estudiantes que la corrigiesen para autoevaluarse e hiciesen una breve valoración sobre su utilidad y sobre cómo experimentaron su realización.

Respecto a la materia *Didáctica de la lengua y literatura: Español*, se optó por *El folio giratorio* para realizar una actividad centrada en reforzar nuevos aprendizajes, vinculados a la segunda unidad didáctica del curso, en la que se habían revisitado teóricamente los conceptos de lectura comprensiva, competencia lectora, animación a la lectura, competencia literaria y expresión escrita, y explicado las claves de las columnas en prensa escritas por autores literarios y la importancia de la imagen en los libros infantiles.

De acuerdo con las orientaciones de Pujolàs y Lago (2011), la actividad se limitó a inventar un cuento infantil por medio del folio giratorio. Esta estructura polivalente se percibió como un método adecuado mientras se abordaba la segunda unidad didáctica de la asignatura, ya que permitía que los equipos cooperativos comprobasen si habían adquirido una serie de conceptos imprescindibles para convertirse en mediadores entre el libro y las personas lectoras. Asimismo, esta estructura le ofrecía al alumnado la oportunidad de integrar esos conceptos y recursos distintos en la misma tarea; una implementación necesaria de cara al desarrollo de experiencias educativas y materiales didácticos, que se tratarían en la tercera unidad didáctica de la asignatura.

La realización de esta actividad fue programada para una de las clases prácticas, para aprovechar la ventaja de contar con un número reducido de alumnado (pues el grupo aula se subdividía en tres grupos B para esas clases prácticas) frente a los cincuenta del grupo clase A en las sesiones teóricas, y con el fin de poder destinar a esta actividad el tiempo total de una clase práctica. Al igual que en *Lengua española*, el mobiliario no era el adecuado. En esta ocasión, el aula presentaba mesas largas para cada fila y, aunque las sillas sí eran exentas e individuales, la imposibilidad de mover las mesas impedía al alumnado construir una mesa redonda, que es la distribución más adecuada a la hora de llevar a cabo esta estructura cooperativa básica.

Cómo lo hicimos

En *Lengua española*, según lo programado, la estructura se llevó a cabo en la clase teórica de la semana previa al examen parcial. Los estudiantes ya habían sido organizados en equipos de cuatro personas unas semanas antes, así que comenzamos la sesión explicándoles que ese día íbamos a realizar una primera actividad basada en el AC y que debían sentarse junto a sus compañeros de equipo. A continuación, se mostró un documento a través del proyector de aula en el que se explicaba en qué consistía la actividad y cómo debían realizarla siguiendo los pasos de *El folio giratorio*. Como ya mencionamos, se trataba de definir y/o explicar una serie de conceptos o cuestiones básicas de introducción teórica a la materia que habían sido explicados en las primeras semanas del cuatrimestre y que formaban parte de las dos primeras unidades didácticas. Además, el estudiantado fue informado de la relevancia de estas cuestiones para el examen parcial que se aproximaba, es decir, se les comentó que esta prueba incluiría preguntas sobre algunas de las cuestiones que se recogían en la siguiente lista de palabras:

- Conceptos básicos en Lingüística: lenguas, dialectos, habla, registro, jerga, comunicación no verbal.
- Lingüística tradicional y lingüística moderna.
- Gramática prescriptiva o normativa y gramática descriptiva.
- La lingüística histórica y lingüística sincrónica.
- Ferdinand de Saussure y el estructuralismo lingüístico.
- Hipótesis innatista sobre la adquisición del lenguaje. Evidencias que la apoyan.
- Gramática universal.
- Competencia lingüística y actuación.
- El modelo de comunicación de Jakobson.
- Funciones del lenguaje.
- Enfoque comunicativo de la enseñanza de lenguas.

La docente explicó que algunos de estos contenidos podían explicarse en pocas líneas, quizás con la aportación de un solo miembro de cada equipo, mientras que otros requerirían mayor extensión y, por tanto, varias contribuciones. En cualquier caso, se marcó un máximo de dos líneas para cada respuesta o aportación y se indicó que no podría consultarse ningún libro o material didáctico para resolver la tarea mientras la docente no señalase lo contrario. Como esto puso bastante nerviosos a los estudiantes, la docente resaltó que no se trataba de ningún tipo de prueba que formase parte de la evaluación de la materia, sino de hacer un repaso de las cuestiones teóricas explicadas en los temas anteriores; además, hizo hincapié en el valor del trabajo en equipo para esta actividad: en la importancia de la comunicación dentro del equipo durante la elaboración de las respuestas y de la cooperación como forma de recuperar, entre todos, la información que se requería. En palabras de Pujolàs y Lago (2011), se trató de poner de relieve la idea de que "cuantos más seamos para recordar algo, más memoria tenemos. El trabajo en equipo nos proporciona la posibilidad de obtener mejores resultados" (p. 65).

Seguidamente, la docente explicó que se reservaría cierto tiempo hacia el final de la sesión para que se pudiese consultar el material en el que se desarrollaban todas las cuestiones por las que se preguntaba en la tarea. La finalidad de esto era dar a los estudiantes la posibilidad de comprobar, en la misma sesión, qué habían completado bien, en qué cuestiones faltaba información importante o se produjeron errores, para que redactasen una breve autoevaluación, razonada o justificada de lo que habían hecho en el ejercicio (insuficiente, suficiente, regular, bien o muy bien). Además, se les pidió que realizasen una valoración final, en pocas líneas, de la actividad en sí misma y de la forma en que fue planteada, con total libertad: si les resultó útil o no, demasiado difícil o compleja, etc.

La realización de la actividad siguiendo los pasos de la estructura acaparó la mayor parte del tiempo de la sesión, aproximadamente una hora y cuarto. La docente permitió un descanso de quince minutos tras completar la tarea, de modo que, en los últimos 25-30 minutos, se llevó a cabo la segunda parte de lo planificado: la consulta de los materiales didácticos para la autoevaluación y la valoración final de la actividad en sí. Al término de la sesión, la docente recogió los folios redactados por los 22 equipos que participaron.

En el caso de *Didáctica de la lengua y literatura: Español*, el alumnado realizó *El folio giratorio* a mitad del cuatrimestre, cuando ya estaba bastante avanzada la explicación teórica de la segunda unidad didáctica de esta asignatura. En ese momento, el alumnado estaba distribuido en equipos de tres o cuatro personas desde la tercera semana de comienzo del curso académico, había recibido una explicación somera del AC y ya había realizado una *Entrevista* por parejas; una dinámica de grupo que había favorecido la interrelación, el conocimiento mutuo y la distensión dentro del grupo.

Como *El folio giratorio* representaba la segunda estructura cooperativa básica que debían realizar, la docente se la presentó al alumnado de forma detallada en una actividad que añadió en el campus virtual Moovi de la Universidade de Vigo. Les explicó que la actividad consistía en inventar un cuento infantil y darle un título atractivo para lectores entre seis y doce años. Les precisó que deberían manejar dos recursos previos que les había facilitado en clases prácticas anteriores: el álbum sin palabras y en formato acordeón *Alter-Nativo* (Aira Editorial, 2017, Premio á mellor Banda Deseñada en la Gala do Libro Galego 2017) de Jorge Campos, que habían ojeado para una tarea anterior y del que cada alumno había seleccionado una o varias imágenes, y un ejemplar en papel del periódico diario *La Región* de Ourense, localidad donde se ubica la Facultade de Educación e Traballo Social. También les describió el proceso de realización de la tarea, el tiempo de realización, así como las claves para gestionar el trabajo en equipo y para autoevaluar la actividad antes de entregarla.

La docente les solicitó que realizasen una autoevaluación final de la composición creada, en la que manifestasen las dificultades que les habían surgido a la hora de entender la intertextualidad plasmada en las imágenes, al incluir la palabra elegida en la trama del cuento y sobre todo que expresasen qué aspectos del trabajo cooperativo les habían resultado fáciles, confusos o difíciles de gestionar en equipo.

© narcea, s. a. de ediciones

El alumnado dedicó la hora completa de duración de la clase práctica a realizar la actividad propuesta, ya que reservó los diez o quince minutos finales para revisar la ortografía, la coherencia, la cohesión y la adecuación gramatical en el cuento creado y asimismo para exponer las ventajas o dificultades detectadas en el transcurso de la escritura de un cuento infantil por parte de equipos cooperativos. La portavocía de cada equipo entregó a la docente, al final de la clase, el folio en el que se reproducía el texto que habían inventado. Mientras los recogía, la docente emplazó al alumnado a efectuar, en la siguiente clase práctica, una lectura en voz alta de esas creaciones, si deseaban compartirlas con el grupo clase.

Cómo salió

En el desarrollo de la sesión teórica de *Lengua española* se puso de relieve uno de los inconvenientes ya señalados: el de los espacios inadecuados. En el aula tipo auditorio, algunos estudiantes se sentaron junto a sus compañeros de equipo, en el mismo nivel o piso, formando una fila horizontal, mientras que otros se dividieron en parejas para sentarse en dos filas de niveles distintos, de manera que unos se situaban por detrás de los otros y, si estos últimos se giraban, podía formarse una especie de círculo. No obstante, las posiciones no resultaban cómodas para trabajar como se debía, ni para el estudiantado, ni para la docente, que tenía dificultades para supervisar cómo se realizaba la actividad (Domingo, 2020).

Otro inconveniente o dificultad que pudo observarse fue la falta de confianza de buena parte del alumnado en el trabajo en equipo. A pesar de las explicaciones previas de la docente, insistiendo en que la tarea no formaría parte de la evaluación y en que el objetivo era cooperar para recuperar, reflexionar y comprender mejor, al menos en parte, los contenidos teóricos de la materia, algunos estudiantes trataban de consultar material didáctico utilizando su teléfono móvil. Tampoco pareció gustar mucho, en general, la idea de tener que escribir en un folio en lugar de emplear el ordenador. Esto parece sencillo de resolver, pues la actividad también podría realizarse en línea, aunque, en nuestra opinión, la escritura en papel no debería abandonarse; además, el uso de papel y bolígrafo es importante para impedir que se consulten materiales didácticos, en el caso de actividades como la planteada aquí, pues deja el teléfono móvil como única posibilidad de "hacer trampa".

Pese a estas dificultades, una revisión de los folios entregados por el alumnado ofrece, en general, resultados muy positivos, tanto en lo que respecta a la resolución de la actividad como a la valoración de su utilidad o beneficios. La mayoría de los equipos valoró positivamente su resolución de la tarea; algunos relativizaban esta calificación destacando que no habían tenido tiempo de estudiar los temas de la materia ni habían podido revisar el material didáctico sobre estos (en algunos casos, se señaló además que se debería permitir esta consulta); otros equipos, en cambio, resaltaron unos resultados más positivos de lo esperado y cómo la tarea les hizo ver que sabían más de lo que creían:

> *Trabajar en grupo nos ha servido de ayuda para repasar conceptos que teníamos asentados y reflexionar sobre aquellos que no teníamos tan claros. Nos dimos cuenta de que sabemos más de lo que creemos.*

> *Hemos rendido por encima de lo esperado, porque parte del grupo no había estudiado nada y la otra parte un poco. Consideramos que, para lo poco que creíamos que sabíamos, nos ha salido bastante bien.*

> *La actividad nos ha servido para transmitir nuestros conocimientos a los demás y para darnos cuenta de que realmente sabemos más de lo que pensamos.*

Reflexiones como estas ponen de relieve una de las grandes aportaciones o beneficios del AC: el incremento del autoconcepto y de la autoestima del alumnado (Pérez y Poveda, 2008, 2010, citados en Juárez-Pulido et al., 2018). Otras valoraciones de la actividad destacaron su utilidad para: repasar y comprender mejor algunos conceptos, al tener que definirlos y explicarlos en voz alta; tomar consciencia de las fortalezas y debilidades en el dominio de las cuestiones teóricas por las que se preguntaba; identificar las cuestiones clave de cada tema; proporcionarse ayuda mutuamente en la resolución de la tarea, aun cuando un integrante del equipo pudiese mostrar más conocimientos, y, por último, relacionarse con nuevos compañeros o compañeras, que no formaban parte del círculo cotidiano del alumnado, dentro de un ambiente dinámico, entretenido y agradable.

Con respecto a los resultados en *Didáctica de la lengua y la literatura: Español*, en primer lugar, hay que señalar que el mobiliario del aula también supuso una dificultad. Este diseño poco funcional ocasionó que el alumnado tuviese que girar su figura para realizar la actividad de una forma más cómoda y propicia y asimismo para debatir entre los integrantes del equipo sobre los aspectos que querían resaltar del AC efectuado.

En segundo lugar, otra de las dificultades fue la ausencia de alumnado de varios equipos a esa clase práctica, sin previo aviso, lo que ocasionó que el cuento fuese más breve. Por otro lado, observamos que el alumnado no estaba acostumbrado a escribir a mano, por lo que dudaba de si su caligrafía resultaría legible. Varios alumnos confesaron que les costaba crear un guion de elementos, antes de comenzar a escribir el cuento, y que no sabían cómo integrar la imagen y la palabra en su escritura. Incluso preguntaron si necesitaban manejar fórmulas de inicio y de cierre de la historia. Además, algún integrante del equipo reconoció ante sus compañeros que no era lector habitual ni frecuente de literatura infantil y que carecía de referentes literarios para escribir un cuento. En estos casos, los demás integrantes del equipo buscaron una solución *ad hoc*: confiaron la revisión ortográfica a los mencionados líderes de cada equipo, pues pensaban que aquellos poseían mayor competencia literaria y de expresión escrita. Incluso a varios integrantes les generaba inseguridad de cara a su labor docente futura la exposición de cómo habían trabajado y de qué mejorarían de su trabajo en equipo, por lo cual también recayó esa labor en los citados líderes naturales de cada equipo.

A pesar de estas notorias dificultades, tras la lectura de los folios recogidos por la docente, constatamos que la realización de la actividad mediante *El folio giratorio* permitió que el alumnado reforzase los conceptos abordados en la segunda unidad didáctica de la asignatura y que aprendiese a usar diversos materiales ya existentes (prensa e imágenes de libros) para crear actividades dirigidas a su futuro alumnado; a discriminar algunas imágenes y palabras, elegidas en un primer momento, a la hora de inventar el cuento; y a seleccionar títulos que resultasen atractivos para niños entre seis y doce años.

Qué aprendimos

En líneas generales, podemos concluir que la implementación de *El folio giratorio* resultó una experiencia positiva de aprendizaje. En la sesión teórica de *Lengua española*, la implementación de esta estructura como técnica de estudio cooperativo y de repaso de conceptos básicos de la materia puso de relieve tres importantes funciones o resultados de aprendizaje, si tenemos en cuenta la categorización funcional de todas las estructuras cooperativas simples creadas por Kagan y Kagan (2009), así como las valoraciones de la actividad por parte del alumnado; dos de estas funciones son interpersonales: el conocimiento de la clase (*classbuilding*), ya que los estudiantes se relacionaron con compañeros y compañeras que hasta entonces apenas conocían, y la construcción de "espíritu de equipo" (*teambuilding*), ya que comprobaron cómo lograron resolver la tarea de manera aceptable gracias a la ayuda mutua que se prestaron. La tercera función tiene carácter académico: la construcción de conocimiento (*knowledgebuilding*), ya que el alumnado tuvo que esforzarse por recordar información importante y compartirla con sus compañeros en voz alta. Kagan y Kagan (2009) utilizan la siguiente cita de Albert Einstein para explicar cómo contribuye el trabajo en equipo a esta función: "Realmente no entiendes nada a menos que tengas que explicárselo a tu abuela"[1].

Las opiniones del alumnado sobre la actividad también apuntan, no obstante, a la necesidad de realizar un repaso de las cuestiones básicas de la materia con mayor frecuencia, al menos al término de cada unidad didáctica, con independencia de que luego pueda hacerse también un repaso más global, como el que aquí se ha descrito, que abarcaba dos unidades didácticas. Permitir la consulta de materiales didácticos, como sugería parte del alumnado, no nos parece apropiado, ya que creemos que esto restaría efectividad, en gran medida, a las funcionalidades antes señaladas; en lugar de ello, creemos que lo mejor sería habituar al alumnado a este tipo de actividades como forma de estudio, para construir conocimiento en equipo, y motivarles también así a prestar atención y participar más activamente en las sesiones teóricas.

En cuanto a la experiencia en *Didáctica de la lengua y literatura: Español*, aprendimos que la realización de la actividad con la duración máxima de una hora de la clase práctica, en vez de las dos horas teóricas, causa que los equipos con un ritmo de trabajo más lento se sientan presionados para finalizar a contrarreloj esta actividad cooperativa o para entregarla sin haberla revisado ni autoevaluado en equipo. Además, esta carencia de retroalimentación supuso que cada integrante de los equipos no desempeñase su doble responsabilidad de aprender y de propiciar que las demás personas de su equipo también aprendiesen (Johnson y Johnson, 2014; Slavin, 2014).

En el proceso de realización de la actividad, aprendimos a detectar los roles innatos de los integrantes de cada equipo, al descubrir las destrezas que estos habían desarrollado años atrás; las dudas del alumnado

---

[1] Kagan y Kagan (2009) destacan determinadas estructuras para cada una de las funciones interpersonales y académicas que distinguen. *El folio giratorio* no fue incluido como estructura específica para cumplir las tres funciones que aquí hemos resaltado. De acuerdo con los autores citados, esto confirma que sus estructuras simples pueden servir para cualquiera de las funciones diferenciadas, según cómo se utilicen, si bien *a priori* pueden ser asociadas de manera preferente con algunas de ellas.

respecto al AC y a lo que este podría aportarles en la práctica docente; y las dificultades presentadas en varios equipos, tanto en el instante en el que debían repartir los roles como al gestionar las diferencias internas de participación activa y simultánea de todos los integrantes del equipo.

Respecto a la autogestión interna de los equipos, la docente percibió que, en algunos de ellos prevalecían los argumentos aportados por el portavoz y sobre todo por los líderes naturales. Además, detectó que estos últimos solo se pronunciaban cuando existían opiniones discordantes o dudas sobre el modo de sintetizar y expresar lo que habían notado mientras realizaban la actividad.

A pesar de estas dificultades, la experiencia puede valorarse también de forma muy positiva en general, ya que, para la mayor parte de los equipos, *El folio giratorio* permitió olvidar su miedo ante la hoja en blanco, dejar fluir su imaginación, plasmar su bagaje cultural y evidenciar que sí eran escritores y escritoras competentes.

Ámbito de intervención B

3.4. Parada de tres minutos

María José Vázquez-Figueiredo
Raquel Vázquez-Pérez
Breogán Riobóo-Lois
Rubén González-Rodríguez

De dónde partimos

Uno de los retos a los que se enfrenta, actualmente, el profesorado universitario es conseguir que el estudiantado mantenga la atención plena en sus clases, controlando los factores que interfieren tanto interna como externamente. Por un lado, está *el manejo de la fatiga atencional* asociada a la duración de las clases (Mackworth, 1948), que superan ampliamente el tiempo promedio de mantenimiento de la atención sostenida en un adulto, que se sitúa en torno a los 30 minutos. Se ha comprobado que, pasados los 70 minutos de una clase universitaria, alrededor del 60% del estudiantado se percibe completamente distraído (Angulo y Álvarez, 2022). Cuando sucede esto, se espera que el nivel de excitación o alerta disminuya y, subsiguientemente su rendimiento. En este caso, el estudiantado que presenta fatiga informa de dificultades para concentrarse y para centrar su atención en las tareas que debe ejecutar (Bartlett, 1943; Brown, 1994). Según Boksem et al. (2005), el deterioro de la atención selectiva conduce a una disminución de la capacidad del alumnado para centrar su atención en los elementos relevantes para la tarea, y además incrementa la distracción ante la información irrelevante. Esto daría como resultado un incremento en el número de objetivos perdidos y también de errores, a la vez que un aumento en el tiempo de reacción de la respuesta y de ejecución de la tarea.

Por otro lado, está *la resistencia del estudiantado a la distracción,* influenciada por el uso de sus teléfonos móviles en las clases (Guzmán et al., 2022).

Actualmente, el alumnado usa estos dispositivos, de forma habitual, para actividades no académicas (i.e., visitar sus redes sociales, transferir archivos, chatear y revisar su correo) (Merino-Pantoja et al., 2017); las cuales actúan como potentes distractores de la concentración y de la atención (Pinos et al., 2018; Sanz-Blas et al., 2022), dado que abstraen al alumnado de la situación de aprendizaje (Angulo y Álvarez, 2022), para ponerlo en un espacio de entretenimiento (Sanz-Blas et al., 2022), del que no le resulta fácil salir (Sriwilai y Charoensukmongkol, 2016). Según Won et al. (2017), las personas que tienen un uso problemático de estos dispositivos son incapaces de mantener la concentración en una tarea, al tener que verificar constantemente las notificaciones. Es más, se ha comprobado que incluso, cuando las personas evitan la tentación de revisar sus teléfonos, la mera presencia de éstos merma su capacidad cognitiva (Ward et al., 2017).

No en vano, el uso simultáneo de las redes sociales y las actividades académicas reduce significativamente la productividad y la eficiencia del estudiantado (Kim et al, 2018); no solo porque dificulta el mantenimiento de la concentración en una tarea que requiera profundización (Ponce et al., 2014), sino porque también afecta negativamente a su competencia social, dado que este alumnado tiende a presentar más problemas de interacción social y de aislamiento (Won et al., 2017), además de participar menos en el aula y de estar menos comprometido con el aprendizaje (Sanz-Blas et al., 2022). En suma, el uso del teléfono inteligente imposibilita que el estudiantado internalice la información que el profesorado busca transmitir durante la clase (Oliva, 2014).

Así pues, el *cuidado y la monitorización de la función atencional* en las aulas universitarias constituye una cuestión prioritaria (Kaplan y Kaplan, 2009), dado que vivimos en una cultura de constantes interrupciones y de continuas actualizaciones de la información (Guzmán et al., 2022). Y también porque hace posible que el estudiantado se concentre en los conceptos centrales del tema objeto de estudio (Chica-Martínez y Checa-Fernández, 2023) y, como consecuencia, se pueda producir el aprendizaje (Velasco, 2023). Esto se debe a que el proceso atencional dirige y controla todas las actividades que requieren adquirir, almacenar, manejar y recuperar información (Kaplan y Kaplan, 2009) y, en el caso de ser preciso, emitir una respuesta (Johnson y Proctor, 2015; Londoño, 2009; Ríos-Lago et al., 2007).

Para Johnson y Proctor (2015) "la función atencional no solo es seleccionar la información relevante para la tarea en curso, sino también inhibir activamente la información irrelevante, que la interferiría" (p. 7). A su vez, implica ejecutar correctamente una actividad aislada o conjunta de varias tareas, que puede involucrar a la atención consciente y voluntaria, además de la inconsciente (Johnson y Proctor, 2015). No se ciñe únicamente a los procesos cognitivos relacionados con la recepción y la codificación de la información, sino que incluye también la selección y emisión de las acciones o respuestas motoras. Por tanto, el proceso atencional es considerado un mecanismo complejo, que está involucrado en el control del procesamiento de la información y, que va a influir y retroalimentarse de otros procesos cognitivos básicos, tales como la percepción y la memoria (Ruiz-Contreras y Cansino, 2005).

El sistema atencional está compuesto por tres redes neuronales, la orientación atencional, el control ejecutivo y la alerta (Chica-Martínez y Checa-Fernández, 2023). La orientación selecciona el estímulo más relevante para una respuesta concreta. Mientras que el control ejecutivo mantiene la atención sostenida, seleccionando los procesos cognitivos más importantes para la tarea que interesa al estudiantado, controlando su ejecución (Consenza y Guerra 2011; Dehaene 2019). A través del control atencional, el alumnado puede dirigir su comportamiento para conseguir las metas que se propone, aun cuando existan estímulos que puedan dispersarlo de su objetivo. Ahora bien, para que el estudiantado pueda acercarse a un refuerzo y consumirlo es necesario, en primer lugar, interrumpir la conducta puesta en marcha, cambiar el foco de atención y distribuir los recursos cognitivos y conductuales (Chica-Martínez y Checa-Fernández, 2023). En este caso, las respuestas de alerta y atención están generadas por procesos neurales que motivarían la aparición de reacciones rápidas ante estímulos potencialmente significativos para el estudiantado, esto es, que les resulten novedosos y sorprendentes. Estos estímulos tienen que ser capaces de provocar un aumento del *arousal* y de la reorganización de los recursos atencionales y cognitivos, de manera que les conduzca a poner en marcha secuencias de conducta adecuadas a las demandas del proceso de enseñanza-aprendizaje. Se trata, por tanto, de estímulos que aumentan su motivación (Chica-Martínez y Checa-Fernández, 2023), y que ponen a prueba su flexibilidad cognitiva (Gutiérrez-Ruiz et al., 2020). De ahí que la sorpresa y los retos constituyan uno de los motores fundamentales del aprendizaje.

Así pues, el profesorado universitario tiene la responsabilidad de planificar sus clases de manera que sea capaz de captar la atención del estudiantado e incentivar su compromiso con el aprendizaje y su participación en el aula. Al respecto, se ha comprobado que el *trabajo cooperativo* crea un entorno que propicia el aprendizaje, no solo porque facilita el desarrollo de habilidades cognitivas como la atención, la memoria y el razonamiento (Montoya et al., 2012), sino que también posibilita la participación interactiva en el grupo (Galarreta, 2019; Peña, 2010). En este contexto, la orientación de la atención hacia la información transmitida no se justifica únicamente con la comprensión del contenido, sino que la propia construcción del conocimiento requiere indefectiblemente de la participación en el grupo. Nos hallamos, por tanto, ante una técnica de aprendizaje que expone al estudiantado del aula -distribuido en grupos reducidos- a un reto y compromiso común, lo que supone trabajar conjuntamente en interacción (Medina-Bustamante, 2021). Esto implica que un hecho o acontecimiento que le ocurre a una persona del grupo incide en todas las demás (Galarreta, 2019).

Una de las estructuras simples de AC que permite introducir un estímulo novedoso o un reto es la *Parada de tres minutos*. Esta estructura tiene como cometido identificar las ideas principales del tema, despejar dudas para mejorar la comprensión y, sobre todo, favorecer la atención. En este caso, el profesorado, durante la exposición magistral, introduce la *Parada de tres minutos*, en la que el estudiantado reflexiona en grupo sobre los contenidos explicados previamente; y, a continuación, se plantean tres preguntas sobre el tema abordado. Transcurridos los tres minutos, cada equipo formula una de sus preguntas al resto. Cuando se repite una pregunta se salta a la siguiente. El profesorado prosigue cuando todos los equipos han tenido la oportunidad de exponer sus preguntas (Ballesta, 2018). Esta estructura implica activamente a todo el alumnado, en las clases magistrales, a través de la formulación de preguntas que les resultan motivantes; de forma paralela, el profesorado constata en qué medida el alumnado va integrando lo explicado.

A continuación, se describe, más detalladamente, el procedimiento que se ha seguido en la implementación de la *Parada de tres minutos*, en el contexto universitario del Grado en Trabajo Social.

Qué planificamos

La introducción de la estructura *Parada de tres minutos* en la docencia se previó llevarla a cabo cuando el alumnado, dividido en los diferentes equipos de trabajo, ya había tenido la oportunidad de desarrollar destrezas cooperativas a partir de, al menos, dos estructuras cooperativas simples, en concreto la de *Lectura compartida* y *El folio giratorio*. Su implementación requirió que previamente se realizaran las siguientes acciones:

1. *Seleccionar la secuencia de contenidos de menor a mayor complejidad.* Se utiliza, en un primer momento, para verificar la comprensión de contenidos teóricos y, luego para comprobar el grado de profundización que han alcanzado en la resolución de los supuestos prácticos.

2. *Delimitar el momento en que se debe implementar.* Se incorpora teniendo en consideración el efecto fatiga y la carga cognitiva que implica la dificultad de la tarea.

3. *Preparar la presentación procurando generar el efecto sorpresa y activar la alerta/motivación.* La búsqueda de la motivación intrínseca de los equipos para inhibir los estímulos distractores y activar la participación de todo el estudiantado nos lleva a presentar la búsqueda de interrogantes como un reto que han de resolver, cuya dificultad va en aumento progresivamente.

Cómo lo hicimos

Para la implementación de la *Parada de tres minutos* se ha de tener en consideración que, primero, se debe proporcionar al alumnado pautas claras y sencillas que guíen su implementación, de forma estructurada. Y, por otro lado, que la automatización de la estructura debe ir precedida de un entrenamiento previo. Las pautas que ha seguido el profesorado durante la presentación de la estructura han sido las que se presentan a continuación:

1. *Describir con claridad y precisión la tarea que se propone.* Se secuencian los pasos que debe ejecutar el equipo para alcanzar la meta que se propone.

2. *Especificar el resultado que se espera del equipo de trabajo.* Se concreta cuál va a ser el resultado esperado que debe producir la *Parada de tres minutos.*

3. *Moverse por la clase.* Se observa el funcionamiento de los diferentes equipos y se comprueba que todo el alumnado participa y colabora en la resolución de la tarea planteada.

4. *Exponer el resultado de las preguntas.* Se establecen turnos de exposición y se anotan en un lugar visible las preguntas de todos los equipos.

5. *Evaluar los resultados.* Se detectan los aspectos de mejora subyacentes de las preguntas confeccionadas y se utilizan como base para retroalimentar al estudiantado con los conceptos que no han sido comprendidos, al mismo tiempo se subrayan los contenidos que han sido asimilados e internalizados.

La secuencia que se ha seguido para llegar a automatizar esta estructura, de manera que sirva para inhibir la fatiga atencional y los distractores, es la siguiente:

1. *Fase de entrenamiento.* La primera vez que el estudiantado realiza esta estructura les genera estrés, dado que tienen que aprender a evitar los estímulos distractores, de modo que sean capaces de responder a la demanda de la tarea, focalizando su atención en los contenidos más importantes. En este caso, el control de atención es una destreza que tienen que seguir trabajando para mejorar su eficiencia y la calidad de los resultados, ya que es un hábito que no tienen adquirido. En este nivel de AC, las preguntas que se realizan tienden a estar mal formuladas, llegando a ser descontextualizadas e incluso, a veces, incomprensibles. El ritmo desigual de aprendizaje hace que pocos equipos lleguen a alcanzar el objetivo de plantear preguntas pertinentes e interesantes.

2. *Fase de internalización.* Cuando los equipos de trabajo han empleado esta estructura, al menos tres veces, son capaces de poner en marcha estrategias de planificación y de organización en el equipo. Además, saben focalizar, de forma óptima, su atención hacia los conceptos más relevantes. Al mismo tiempo son capaces de eliminar la influencia de distractores, tan potentes, como el teléfono móvil. En este nivel de AC, las preguntas que se plantean tienden a ser más congruentes y pertinentes con relación al tema abordado en la docencia. El ritmo desigual de aprendizaje no se apercibe, de forma tan significativa, en el resultado final; así, la mayoría de los grupos plantean preguntas adecuadas, la variación entre grupos se observa en el grado de profundización, que es mayor en los que están más implicados y tienen más destrezas en las funciones ejecutivas.

Cómo salió

El proceso de evaluación que se ha llevado a cabo durante la implementación de la estructura *Parada de tres minutos* nos permite extraer las siguientes consideraciones.

Sobre la percepción del estudiantado que ha participado en el AC. Los autoinformes cualitativos que realiza el alumnado sobre la estructura evidencian la validez e idoneidad del método; subrayando que les ayuda a aprender: "se entiende mejor porque tenemos más ejemplos y escuchas a los demás", "podemos debatir y sacar conclusiones más claras de la teoría explicada", "ayuda a asimilar contenidos" o a "aclarar dudas". También indican que les posibilita trabajar en grupo: "es una buena forma de poner en común con el grupo", "se analizan en común los resultados", permite "poder reflexionar acerca de la clase entre todos". Al mismo tiempo, les ayuda a realizar un ejercicio de metaconocimiento, "valorar los conocimientos adquiridos". Estos hallazgos son congruentes con los datos obtenidos en la evaluación cuantitativa que, tras la aplicación del análisis de una prueba t para muestras relacionadas, se comprueba que la percepción que tiene el estudiantado de las clases con y sin la estructura *Parada de tres minutos* es significativamente diferente. En concreto, el alumnado valora más positivamente la docencia cuando se implementa esta estructura:

$$(t_{(2, 19)}=-5.075; p<. 000; M_{conestructura}=8.1500 \text{ vs.} M_{sinestructura}=5.0500)$$

Sobre la percepción del profesorado que ha implementado la estructura. Tras su utilización en distintas titulaciones, materias y cursos, el equipo docente observa, de forma unánime, que la introducción de la *Parada de tres minutos* en la docencia hace posible que el estudiantado oriente, controle y focalice mejor la atención hacia los contenidos de la materia, muy especialmente en las clases magistrales.

Qué aprendimos

El AC, en línea con lo que establece la literatura destacada a lo largo del libro, resulta una metodología idónea para desarrollar el manejo y control eficiente de procesos cognitivos básicos, además de la capacidad de trabajo en equipo, toda vez que se realice de forma estructurada y sistemática durante el proceso de enseñanza-aprendizaje. En este sentido, se recomienda de cara a la introducción de esta estructura básica en la docencia universitaria, las siguientes consideraciones, a saber:

- *Se ha de realizar un diseño previo, que siga un modelo explícito adaptado a la secuencia de los contenidos.* Se ha de estudiar en qué momento del desarrollo del temario resulta conveniente la introducción de la estructura, atendiendo al manejo del proceso atencional y a la secuencia de los contenidos, explicitando los objetivos y los resultados que se espera obtener del grupo. Por tanto, el grupo, antes de que comience la *Parada de tres minutos*, debe saber qué se espera de ellos; de no ser así la implementación de la estructura no cumplirá con su finalidad. Por último, el manejo y el ajuste del tiempo es una variable que el profesorado debe tener en consideración, en tanto que si genera un nivel de estrés muy alto -en el grupo- la calidad de los resultados obtenidos se resentirá.

• *Se ha de fomentar previamente el principio de responsabilidad y el sentido de pertenencia al grupo.* La eficacia de la técnica está condicionada al trabajo previo realizado con el equipo de estudiantes en torno a la cohesión grupal, al sentido de pertenencia, y a la responsabilidad compartida. Así, su eficacia y resultados se incrementan cuando se ha enseñado e instaurado en el grupo la necesidad de proporcionar apoyo a integrantes del equipo que muestran dificultades para involucrarse en la actividad; además de motivar al grupo para que mantengan sus expectativas, en especial cuando piensa que las dificultades les superan. Así pues, si el profesorado ignora la necesidad de esta preparación previa, el resultado de la estructura no cumplirá con las expectativas esperadas, no por la falta de idoneidad de ésta, sino por el escaso conocimiento de las estructuras cooperativas.

© narcea, s. a. de ediciones

Ámbito de intervención B

3.5. Lápices al centro

Silvia Sierra-Martínez
María Dolores Castro-Pais

De dónde partimos

El AC representa una de las alternativas metodológicas más innovadoras (Mayordomo y Onrubia, 2015; Pujolàs, 2008; Moliner et al., 2017), al colocar al estudiantado en el centro del proceso de enseñanza-aprendizaje y articular los diferentes elementos que conforman la experiencia formativa facilitando su desarrollo integral (Silva y Maturana, 2017) y reforzando su autoconcepto o autoestima (Pérez y Poveda, 2008; 2010). En esta línea de trabajo, hemos decidido implementar en nuestra aula y con nuestro alumnado la estructura cooperativa simple básica denominada *Lápices al centro*.

A través de dinámicas como la que presentamos en este capítulo, el trabajo cooperativo puede considerarse una herramienta eficaz para el aprendizaje, pero su implementación en el aula sigue siendo compleja por los múltiples factores que intervienen en el proceso de enseñanza aprendizaje (Bolarín, 2012).

A continuación, presentamos los resultados de esta dinámica, realizada con alumnado de segundo curso del Grado en Educación Infantil. Se trata de una estructura muy polivalente que puede servir para distintas finalidades en distintos momentos de una unidad didáctica (Pujolàs y Lago, 2012). En esta experiencia, la utilizamos al inicio de una unidad para que el alumnado pudiera comprobar el grado de comprensión adquirido de un tema determinado.

La metodología de AC que se ha desarrollado en la puesta en práctica de esta dinámica se ha centrado en el modelo inclusivo (Pujolàs, 2008), un modelo en el que las herramientas que aporta la propia técnica permiten una auténtica atención a la diversidad y donde el alumnado puede poner en juego todas sus capacidades (cognitivas, sociales, emocionales y personales).

El principal propósito que se perseguía con la implementación de esta estructura cooperativa simple básica era atender la diversidad de nuestro alumnado a través de la personalización de los objetivos didácticos y las actividades de aprendizaje llevadas a cabo. De esta forma, cada estudiante, dentro de su equipo cooperativo, pudo aprovechar las ventajas de esta cooperación y desarrollar al máximo sus potencialidades tanto intelectuales como sociales para avanzar en la comprensión del tema objeto de estudio, siempre respetando su propio ritmo de trabajo.

Qué planificamos

La estructura cooperativa básica *Lápices al centro* se desarrolló en el segundo cuatrimestre del curso 2022/23 dentro de la asignatura de carácter obligatorio de segundo curso del Grado en Educación Infantil denominada *Didáctica de la lengua y la literatura infantil*. El diseño de esta asignatura está pensado para proporcionar a los futuros docentes conocimientos científicos, estrategias y recursos para favorecer el desarrollo de la competencia comunicativa del alumnado de Educación Infantil. Las actividades programadas dentro de dicha asignatura también están programadas como oportunidad para desarrollar las habilidades necesarias para un buen rendimiento en lectoescritura y para ayudar a descubrir la magia que esconde un texto literario. Esta asignatura presta especial atención a la capacidad creativa del lenguaje, con el fin de promover, desde la primera infancia, el gusto por la belleza de la palabra y el deleite ante la creación de mundos de ficción.

Cómo lo hicimos

La dinámica cooperativa básica que aquí se presenta genera en los participantes tanto la necesidad de cooperar como de ayudarse mutuamente para resolver un reto académico, habitualmente una actividad, independientemente del contenido o grado de dificultad de la misma.

Sin embargo, en función del momento de implementación, varía el propósito de ésta en el proceso de enseñanza-aprendizaje (Pujolàs, 2008):

- *Antes de impartir la unidad didáctica o tema*: realización de ejercicios introductorios que permiten conocer el grado de conocimiento o las ideas previas del alumnado sobre una determinada cuestión.
- *Al inicio de la unidad didáctica o tema*: realización de ejercicios de seguimiento que permiten al alumnado comprobar el grado de comprensión o de conocimientos adquiridos sobre una determinada cuestión.
- *Durante la unidad didáctica o tema* (el caso que aquí se presenta): realización de ejercicios de profundización que permiten al alumnado reforzar, en la práctica, conocimientos abordados previamente de forma teórica.
- *Tras la unidad didáctica o tema*: realización de ejercicios que permiten sintetizar o compilar las ideas y conceptos principales abordados en un tema.

El procedimiento para su desarrollo se puede estructurar en *3 etapas*. Previamente el docente debe preparar una batería de actividades, con diferentes grados de dificultad, sobre la temática a trabajar con la dinámica *Lápices al centro*.

Etapa I. Organización previa. Se forman equipos-base de trabajo. Lo recomendable es que cada grupo esté conformado por 4 miembros. El profesorado asigna a cada equipo-base un boletín de ejercicios que debe contener tantas actividades como personas forman el grupo. Siguiendo la recomendación anterior, lo conveniente son 4 ejercicios con hasta 4 niveles de dificultad.

Etapa II. Lápices al centro. Por decisión interna del equipo-base, cada estudiante se hace responsable de una actividad y determinan el orden en que serán resueltos los ejercicios. Tras dicha decisión, la persona del grupo que tiene asignada la primera actividad lidera esta fase: lee en voz alta el enunciado de su ejercicio, invita al resto de compañeros a aportar información, sintetiza las ideas aportadas y consensua una respuesta conjunta. Todo el proceso descrito se lleva a cabo de forma oral, ya que se pretende que decidan la mejor forma de resolver la actividad a través del diálogo. Es decir, mientras los estudiantes hablan, reflexionan y elaboran una respuesta consensuada, los lápices se ubican en el centro de la mesa (Figura 5). Se trata de una representación metafórica de la dinámica que recuerda a los participantes que en esta fase solo está permitido hablar y escuchar, no escribir.

© narcea, s. a. de ediciones

Figura 5. *Resumen gráfico de la dinámica Lápices al centro (etapa II)*

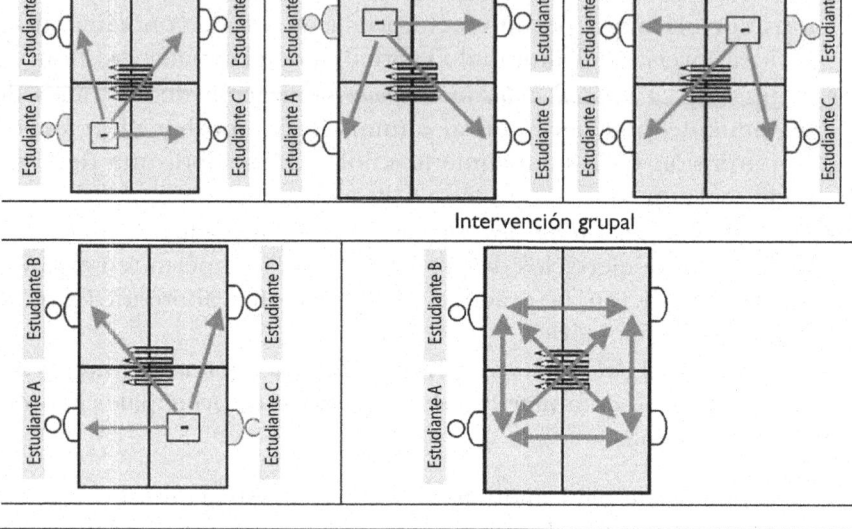

Etapa III. Lápices a escribir. Cuando todos los miembros del equipo-base llegan a un acuerdo y dan por concluida la elaboración grupal de la respuesta a la primera actividad, es el momento de reunir lo acordado en formato escrito. Así, cada estudiante de forma individual coge su lápiz del centro de la mesa y redacta la respuesta a la primera actividad, intentando compilar lo consensuado anteriormente (Figura 6). Se repite el

Figura 6. *Resumen gráfico de la dinámica Lápices a escribir (etapa III)*

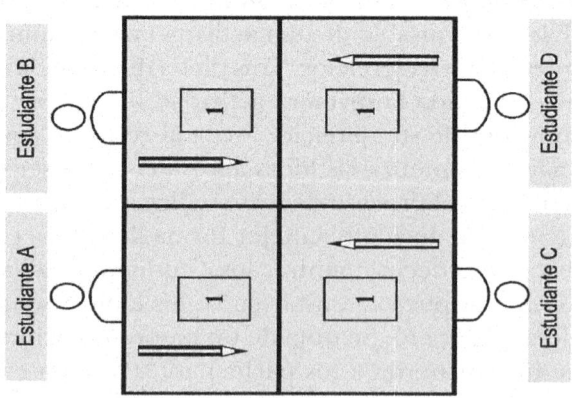

proceso hasta que todos los miembros del equipo-base ponen en común las actividades de las que son responsables. Es decir, vuelven a dejar los lápices en el centro de la mesa para que el responsable de la segunda actividad lidere el proceso.

Cómo salió

En la materia de *Didáctica de la Lengua y literatura infantil* se propuso al alumnado que diseñase, en base a un recurso de la literatura de tradición oral o a la lectura de un álbum ilustrado de libre elección, una secuencia didáctica, diseño cuyas características se habían abordado en una sesión previa, y que debía contener cuatro actividades que respondieran a un aprendizaje interrelacionado para fomentar la competencia comunicativa. Para ello, cada estudiante debía partir de los conocimientos previos sobre las características de las secuencias didácticas y determinar los contenidos a trabajar en el aula, concretar los destinatarios, definir los recursos necesarios para el desarrollo de las actividades a elaborar y, por último, establecer la temporalización y el tipo de agrupamiento (parejas, gran grupo…) requerido para el desarrollo de la propuesta.

A continuación, se muestra, a modo de ejemplo, la secuencia didáctica final diseñada por un equipo que tomó como referencia la canción popular "A mi burro", cuya finalidad es que el alumnado de 5 años desarrolle la escucha activa y el conocimiento del propio cuerpo. El desarrollo de la actividad de aula mediante la dinámica *Lápices al centro* les permitió abordar de forma consensuada dos contenidos prioritarios: expresión musical y corporal, y las partes del cuerpo humano. Para la consecución de dichos propósitos, las estudiantes diseñaron actividades orientadas al alumnado de Educación Infantil con diferentes grados de dificultad (Figura 7).

En las primeras actividades partieron de cuestiones concretas referidas a la comprensión y el conocimiento para avanzar hasta la adquisición de conocimientos aplicados. Así, en la primera de ellas pretendían que el alumnado cantase la canción popular en diferentes tonos (bajo, medio y alto). A continuación, la segunda buscaba que, a la vez que cantaban, señalasen las partes del cuerpo que se mencionaban en la canción. La tercera actividad agrupaba al alumnado por parejas, para que se ayudasen mutuamente a identificar las partes del cuerpo. Por último, debían aplicar el conocimiento adquirido anteriormente y representar un burro en el que debían identificar las partes del cuerpo del animal que se mencionaban en la canción.

Figura 7. *Secuencia didáctica diseñada por el alumnado*

1º. Procesos cognitivos de orden inferior: recordar y comprender

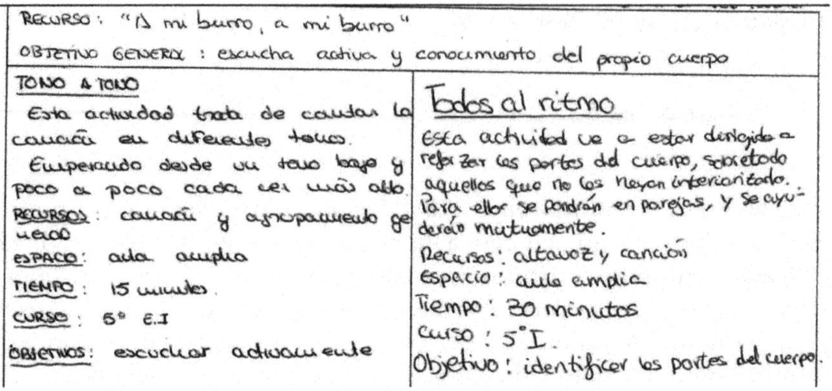
RECURSO: "A mi burro, a mi burro"
OBJETIVO GENERAL: escucha activa y conocimiento del propio cuerpo

TONO A TONO
Esta actividad trata de cantar la canción en diferentes tonos. Empezando desde un tono bajo y poco a poco cada vez más alto.
RECURSOS: canción y agrupamiento general
ESPACIO: aula amplia
TIEMPO: 15 minutos.
CURSO: 5º E.I
OBJETIVOS: escuchar activamente

Todos al ritmo
Esta actividad va a estar dirigida a reforzar las partes del cuerpo, sobretodo aquellos que no los hayan interiorizado. Para ello se pondrán en parejas, y se ayudarán mutuamente.
Recursos: altavoz y canción
Espacio: aula amplia
Tiempo: 30 minutos
Curso: 5º I.
Objetivo: identificar las partes del cuerpo.

2º. Procesos cognitivos de orden superior: analizar y aplicar

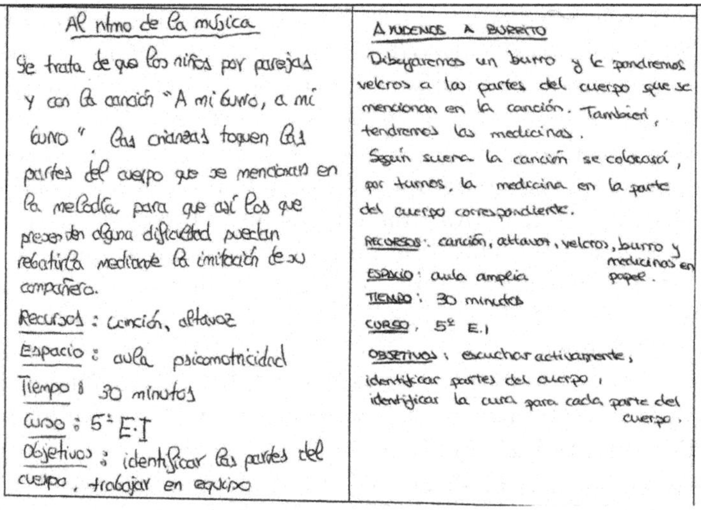
Al ritmo de la música
Se trata de que los niños por parejas y con la canción "A mi burro, a mi burro". Las criaturas toquen las partes del cuerpo que se mencionan en la melodía para que así los que presenten alguna dificultad puedan rebatirla mediante la imitación de su compañero.
Recursos: canción, altavoz
Espacio: aula psicomotricidad
Tiempo: 30 minutos
Curso: 5º E.I
Objetivos: identificar las partes del cuerpo, trabajar en equipo

AYUDEMOS A BURRITO
Dibujaremos un burro y le pondremos velcros a las partes del cuerpo que se mencionan en la canción. También tendremos las medicinas.
Según suene la canción se colocará, por turnos, la medicina en la parte del cuerpo correspondiente.
RECURSOS: canción, altavoz, velcros, burro y medicinas en papel.
ESPACIO: aula amplia
TIEMPO: 30 minutos
CURSO: 5º E.I
OBJETIVOS: escuchar activamente, identificar partes del cuerpo, identificar la cura para cada parte del cuerpo.

En lo referido a la *metodología* seguida, la dinámica *Lápices al centro* es una estructura que puede contribuir a incrementar la participación equitativa de todos los integrantes de un equipo en la realización de una determinada actividad, en el caso presentado, el diseño de una secuencia didáctica para una canción popular. El procedimiento que debe seguir el alumnado (primero se habla y debate, y después se escribe) fomenta que, cuando una estudiante asume la función de moderar, debe organizar los turnos de intervención del resto del equipo, hacer anotaciones mentales de las ideas que surjan, realizar síntesis constantemente para evitar que se pierda información de la actividad o saber respetar los turnos de cada estudiante.

Se destacan *fortalezas* de la estructura cooperativa como la facilidad de adecuarse a cualquier temática, siendo interesante y recomendable para trabajar de una forma activa y significativa, como los contenidos de la materia presentada, lo que contribuye a la comprensión e interiorización de conceptos relevantes, en este caso el diseño de una secuencia didáctica.

Otro de los *beneficios* es que, tal y como se mencionó anteriormente, deben de respetar el ritmo de cada estudiante. Este tipo de estructuras cooperativas eliminan el estrés o el ansia que genera, en parte del alumnado, finalizar rápido y en el menor tiempo posible la tarea asignada. Por el contrario, la metodología promueve que dialoguen, consensuen y respeten los tiempos para pensar que necesita cada persona, además de activar y compartir, desde el respeto, los conocimientos previos de cada estudiante, sus perspectivas sobre los enfoques educativos y su creatividad.

Asimismo, también se destaca la *versatilidad de la estructura* cooperativa para fomentar, entre otros, el aprendizaje en grupos pequeños o la reflexión sobre la importancia de desarrollar habilidades sociales de comunicación y escucha activa y, especialmente, de empatía, solidaridad y asertividad.

Por el contrario, las *principales debilidades encontradas* son el amplio tamaño del grupo de estudiantes universitarios y la distribución del mobiliario de las aulas universitarias (mesas ancladas al suelo y agrupadas por filas o gradas). Esta distribución hace que el desarrollo de la actividad sea más lento y se merme la capacidad del profesorado para hacer un seguimiento de la dinámica en cada grupo de trabajo.

Asimismo, surgen incidencias como la necesidad de reestructurar grupos, debido a la ausencia de alguno de sus miembros, lo que sacó a la luz reticencias por una parte del estudiantado para trabajar con personas con las que habitualmente no se relacionan. En otras ocasiones, surgieron conflictos leves entre compañeras por tener que respetar los diferentes ritmos de aprendizaje o por las distintas formas que encontraron de resolver la actividad propuesta por el profesorado. Sin embargo, en todas las situaciones mencionadas, las conductas del estudiantado se fueron modelando y prevaleció la cooperación y la ayuda mutua para que el grupo pudiese avanzar y seguir el ritmo y la metodología establecidos por la estructura cooperativa.

Qué aprendimos

Tras la experiencia realizada, consideramos el AC como una filosofía educativa, un modo de entender el proceso de enseñanza aprendizaje del que se deriva una metodología basada en el trabajo en equipo. Hemos comprobado que facilita la consecución de los objetivos de mejora en los aprendizajes de cada estudiante, atendiendo a la diversidad del grupo clase y consigue que cada miembro del equipo, independientemente de sus características, trabaje en cooperación y mejore sus propios aprendizajes y los de los y las demás (Durán, 2018; Johnson et al., 1999; Johnson y Johnson, 2017a; Ovejero, 2018; Pujolàs, 2012; Rayón y Torrego, 2018; Slavin, 2014; Torrego y Negro, 2012).

Pero después de llevar a cabo la estructura cooperativa básica *Lápices al centro* con nuestro alumnado, también hemos experimentado que la implementación del AC requiere de un cambio de concepción del proceso de enseñanza-aprendizaje por parte de toda la comunidad educativa. A continuación, recogemos dos líneas reflexivas sobre las que consideramos se debe seguir trabajando. Por un lado, es necesaria una mayor formación del profesorado en nuevas metodologías de aprendizaje, esencial para asegurar la renovación educativa y, por otro, que el alumnado se familiarice con las técnicas de AC para conseguir un mejor aprovechamiento de las mismas.

El AC se constituye como una metodología que favorece la inclusión en el aula, por lo que el profesorado debemos ser competentes para su implementación. No es suficiente con conocer las distintas técnicas cooperativas, sino que es necesario saber implementarlas y comprenderlas. Además, la formación y la motivación del profesorado están en estrecha relación, de ahí que una mayor formación ayudaría a un incremento de la motivación para la implementación de las metodologías que permitan alcanzar las competencias que necesita nuestro sistema educativo y que demanda la sociedad (Perlado et al., 2019). Sin una adecuada formación y diseño del trabajo en el aula, el AC no es efectivo.

Y otro de los elementos fundamentales para el éxito en la implementación de esta metodología es la necesidad de que el alumnado se familiarice con las técnicas de AC. Durante la puesta en práctica de esta dinámica cooperativa básica se han detectado algunos inconvenientes referentes a la cohesión de grupo, a la participación de sus componentes, al liderazgo o a la duración de las actividades. Una de las posibles causas es que la mayoría del alumnado nunca había trabajado de forma cooperativa y, por tanto, no había desarrollado las experiencias sociocognitivas necesarias para ello.

Otro de los problemas encontrados en la implementación de la técnica ha sido la aparición de liderazgos dominantes. Ante esta situación, siguiendo las indicaciones de Vaello Orts (2003), se ha dialogado de manera individual con estas personas para explicarles que tenían que ayudar al resto del equipo, pasando de un liderazgo negativo a un liderazgo positivo, dándole responsabilidades para guiar y orientar el trabajo del grupo. Así pues, Pujolàs (2004) dice que "más que lamentarnos diciendo que los alumnos no saben trabajar en equipo, debemos centrar el esfuerzo en el desarrollo de actividades expresamente diseñadas para enseñarles a trabajar en equipo" (p. 2).

Tal y como señala Pujolàs (2012), para que esta metodología resulte exitosa, es fundamental que el alumnado aprenda a cooperar, y para ello debe haber un entrenamiento en habilidades sociales. Si poco a poco, desde los primeros cursos, se van introduciendo técnicas sencillas, el alumnado irá adquiriendo las aptitudes necesarias para trabajar en equipo.

Ámbito de intervención B

3.6. Juego de palabras

Lucía Casal-de-la-Fuente
Olga Escuredo-Pérez

De dónde partimos

Entre las estructuras simples que pueden ser usadas en el AC se incluye *Juego de palabras*. Esta estructura permite principalmente desarrollar las ideas clave del tema o temas tratados en el aula, y fomentar la participación cooperativa, ayudando al alumnado a tomar conciencia y reflexionar sobre la importancia de los aspectos relevantes trabajados en el aula. Por tanto, *Juego de palabras* trabaja la capacidad de análisis de ideas clave a nivel de equipo, tomando como punto de partida una palabra o grupo de palabras. Al mismo tiempo, favorece el desarrollo del vocabulario sobre un tema dado (Kagan, 1999; Pujolàs, 2008). Sin embargo, en algunas ocasiones su integración en la docencia universitaria puede resultar complicado, principalmente debido al elevado número de alumnado por curso, a la falta de motivación para asistir a las clases presenciales, y a la poca formación y/o experiencia del profesorado en el uso de métodos de enseñanza-aprendizaje cooperativos. Estas circunstancias pueden explicar la nula literatura sobre *Juego de palabras* aplicada en el ámbito universitario, según la revisión hecha. Sin embargo, experiencias recientes en el uso de *Juego de palabras* en centros de primaria han puesto de manifiesto no solo mejoras obtenidas para el alumnado, sino también para el profesorado y el centro educativo (Pedreira y González, 2014).

En este capítulo describimos la inclusión de la estructura cooperativa simple *Juego de palabras* en varias asignaturas que se imparten en diferentes cursos del Grado en Educación Primaria durante un curso académico.

Qué planificamos

En base a los beneficios de *Juego de palabras*, se han planificado tareas con la finalidad de extraer las ideas clave de la temática tratada en las sesiones, y profundizar en el aprendizaje y conocimiento de la materia por parte del alumnado. Para su realización se contó con la participación de estudiantes del Grado en Educación Primaria, en asignaturas de segundo curso (*Expresión e linguaxe musical*) y tercer curso (*Didáctica da lingua e a literatura: Galego*).

Planificación de la estructura en la asignatura
Expresión e linguaxe musical

La materia *Expresión e linguaxe musical* se imparte en el segundo cuatrimestre del segundo curso de Educación Primaria. A lo largo de las primeras semanas de clase se abordaron, tanto en las sesiones teóricas (grupos A) como en las prácticas (grupos B), contenidos como: el sonido y sus parámetros; la voz y el cuerpo como primeros instrumentos; la representación convencional y no convencional del sonido y de la música; y la métrica, el ritmo, el acento y los compases. Para finalizar el trabajo sobre estos aspectos se realizó la dinámica *Juego de palabras,* que favoreció recapitular algunos de los conceptos trabajados hasta el momento. En la Figura 8 se puede observar la diapositiva diseñada para presentar la estructura *Juego de palabras* en clase.

Figura 8. *Diapositiva diseñada para presentar la estructura Juego de palabras*

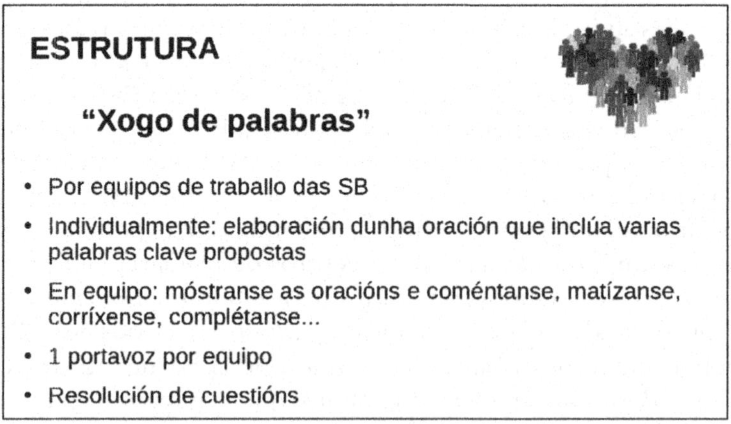

ESTRUTURA

"Xogo de palabras"

- Por equipos de traballo das SB
- Individualmente: elaboración dunha oración que inclúa varias palabras clave propostas
- En equipo: móstranse as oracións e coméntanse, matízanse, corríxense, complétanse...
- 1 portavoz por equipo
- Resolución de cuestións

El texto de la diapositiva (que está en gallego, lengua en la que se imparten las clases de la asignatura en cuestión) ilustra las fases en las que se desarrolla la estructura. De acuerdo con su contenido, se le pediría al alumnado que se colocase por equipos de trabajo de las sesiones B, para solicitar en primer lugar que, de modo individual, se elaborase una oración que denotase la comprensión e interrelación entre los conceptos (palabras) que indicaría la docente a continuación (ver Figura 9). Se daría alrededor de un minuto para este primer cometido. Al terminar, en segundo lugar y ya en equipo, deberían mostrarse las oraciones y comentarse, matizarse, corregirse o completarse (según el caso). Pasados un par de minutos, una persona por equipo intervendría, en calidad de portavoz, para comentar las cuestiones surgidas del trabajo en equipo (por ejemplo, semejanzas y diferencias entre las oraciones realizadas individualmente) para cerrar la estructura en gran grupo comentando o solventando dudas a raíz de las intervenciones de las portavoces.

Figura 9. *Diapositiva diseñada para realizar la estructura Juego de palabras*

PALABRAS	PALABRAS
• Pulso	• Inicio tético
• Acento	• Inicio anacrúsico
• Compás	• Final feminino
• Inicio tético	• Final masculino

En la Figura 9 se aprecian los conceptos propuestos por la docente en los dos momentos en los que se planeó llevar a cabo la estructura: Momento 1 y Momento 2. En el Momento 1 se pediría al alumnado que individualmente escribiese una oración que incluyese los conceptos de la columna de la izquierda, y en el Momento 2, los que figuran en la columna de la derecha. Resultan especialmente controvertidos los términos "pulso", "acento" y "compás", que a veces se suelen confundir y mezclar, e incluso usar como sinónimos de otros conceptos relacionados como "ritmo", especialmente el concepto "pulso". De esta manera, al tener que escribir una oración que denote la comprensión e interrelación entre los conceptos dados, se podría ver la acepción que maneja el alumnado de cada uno de ellos, así como su grado de comprensión.

Planificación de la estructura en la asignatura
Didáctica da lingua e a literatura: Galego

La materia *Didáctica da lingua e a literatura: Galego* se desarrolla a lo largo del primer cuatrimestre del curso tercero del Grado en Educación Primaria. El desarrollo de la estructura *Juego de palabras* se planificó con el fin de diagnosticar el grado de conocimiento que posee el alumnado universitario en formación sobre la atención a la diversidad, pues esta cobra un carácter transversal en el currículo vigente de la etapa de Educación Primaria (Xunta de Galicia, 2022). Se preparó la estructura atendiendo a los siguientes cinco puntos:

1. La docente escribe en el encerado seis palabras clave o frases preposicionales relacionadas con la atención a la diversidad: Alumnado con necesidad específica de apoyo educativo, Alumnado con dificultades específicas de aprendizaje, Alumnado con necesidades educativas especiales, Alumnado con necesidades específicas de apoyo educativo, Departamentos de Orientación, Equipos de Orientación Específicos.

2. Organizado en equipos de trabajo, el alumnado debe escoger entre construir individualmente una oración sobre una de las palabras o frases preposicionales o explicar el significado de una de ellas.

3. Cuando todas las personas del equipo hayan escrito sobre uno de los seis elementos propuestos, harán una puesta en común por equipos de las oraciones y/o ideas surgidas para que el resto de integrantes las corrijan, amplíen o modifiquen, hasta llegar a un consenso.

4. Una vez se ha hecho el trabajo en equipos, se realiza una puesta en común en gran grupo de las oraciones y/o ideas surgidas en el seno de cada equipo sobre los seis elementos.

5. A partir de los comentarios surgidos en la puesta en común, el alumnado trata de mejorar, de forma individual, las oraciones y/o ideas elaboradas y revisadas en equipo, consultando la información sobre atención a la diversidad incluida en el portal educativo de la Consellería de Cultura, Educación, Formación Profesional e Universidades (Xunta de Galicia, s.f.). Se solicita que esta tarea se realice fuera de clase y se suba al aula virtual de la asignatura. Además, se pide que una persona por equipo entregue también un archivo que recoja las evidencias de trabajo de los puntos 1 al 4. Para todo ello se prevé dar un plazo de 4 días.

Cómo lo hicimos

El desarrollo de la estructura en ambas asignaturas fue realizado según la planificación prevista. No obstante, en la asignatura de *Expresión e linguaxe musical* no fue posible realizarla fielmente con los mismos equipos de trabajo de las sesiones B. Esto se debió a la ausencia de algunas personas, lo que llevó a reconfigurar los equipos excepcionalmente entre quien asistió a esa sesión, con el fin de poder trabajar en grupos de al menos tres personas.

Cómo salió

Resultados de la implementación en la asignatura *Expresión e linguaxe musical*

La reestructuración puntual de los equipos entre el alumnado presente hizo que el desarrollo de la estructura se demorase un poco más de lo planificado. También llevó algo más de tiempo desarrollar cada uno de los momentos. Fue estrictamente necesario más de un minuto para poder pensar y escribir la oración individual del Momento 1. Los conceptos incluidos en este momento (ver columna de la izquierda de la Figura 9) suscitaron más dudas y precisaron de más tiempo de reflexión por parte del alumnado, a lo que la docente respondió otorgando más tiempo. La elaboración de la oración individual con los conceptos del Momento 2 (ver columna de la derecha de la Figura 9) fue más rápida, y no se necesitó más de un minuto para que el alumnado pudiese escribirla, de manera que esta segunda vuelta de la estructura se desarrolló más ágilmente.

Resultados de la implementación en la asignatura *Didáctica da lingua e a literatura: Galego*

La docente encargada de impartir esta asignatura señala tres dificultades detectadas durante la implementación de la estructura. La primera de ellas fue previamente mencionada por la docente de *Expresión e linguaxe musical*: se trata de la ausencia de alumnado miembro de alguno de los equipos en esa sesión en la que se desarrolló la estructura, lo que obligó a reestructurar algunos grupos para la ocasión. La segunda tiene que ver con una cuestión más vinculada con las competencias propias de su materia, habiendo detectado el uso de un lenguaje abstracto en la redacción por parte de su alumnado, lo que dificultó el propósito del uso de la estructura: diagnosticar los conocimientos previos de su alumnado sobre atención a la diversidad. Y la tercera se vincula con el bajo nivel de interacción que se dio entre las personas de un mismo equipo: "hablan poco entre sí", lo que no da demasiado pie a que surjan muchas interacciones durante la implementación de la estructura.

También ha sacado a la luz aspectos positivos: la reordenación de conocimientos, prejuicios o información errónea que el alumnado tenía sobre la temática propuesta; el progresivo esfuerzo por expresarse mejor y hablar más entre sí, consiguiendo consensuar la definición considerada como más acertada antes de buscar la respuesta y contrastar sus oraciones con el portal web anteriormente mencionado.

Qué aprendimos

Conclusiones de la experiencia en la asignatura
Expresión e linguaxe musical

La docente de *Expresión e linguaxe musical* ya venía aplicando dinámicas y estructuras como las que se presentan en este libro en los años de docencia anteriores. Sin embargo, hasta la realización del curso de AC en el que se encuadra la presente publicación, no había sido realmente consciente de:

- La necesidad de las dinámicas y estructuras cooperativas en la formación que ofrecemos profesorado en activo a futuro profesorado que se encuentra cursando su formación inicial.
- El interés de elaborar las programaciones docentes en base a las dinámicas y estructuras.
- La importancia de planificar las dinámicas y estructuras metódica y sistemáticamente, de manera que no supongan únicamente una tarea más en la programación, sino que formen parte de las planificaciones formativas. En el marco de la asignatura, el acercamiento a la estructura *Juego de palabras* ha supuesto alguna reflexión a modo de propuesta de mejora para próximos cursos como la que se va a explicar a continuación.

Esta propuesta está vinculada a los conceptos escogidos para los momentos descritos anteriormente pues, post-implementación, hemos detectado que parece que pudiera tener más sentido intercambiarlos.

© narcea, s. a. de ediciones

Los conceptos del Momento 1 se propusieron para elaborar la primera oración puesto que, de acuerdo con el programa de la asignatura, habían sido en buena lógica explicados cronológicamente antes que aquellos incluidos en el Momento 2. Sin embargo, los del Momento 1 suscitaron más dudas entre el alumnado, ya que se necesitó más tiempo para poder pensar y finalmente escribir la oración solicitada.

Por su parte, la elaboración de la oración que incluyese todos los conceptos del Momento 2 llevó menos tiempo al alumnado. Este hecho puede tener una triple explicación. La primera se refiere a la dificultad que suelen entrañar los propios conceptos: los del Momento 1 son conceptos que el alumnado suele confundir más entre sí, y quizás por este motivo se necesitó más tiempo para revisar los apuntes o reflexionar sobre lo que se iba a escribir. La segunda tiene que ver con que los conceptos del Momento 2 habían sido explicados justo antes del desarrollo de la estructura, de manera que estaban más frescos. Y la tercera se relaciona con la dinámica de la propia estructura: la segunda vuelta a la estructura (Momento 2) se afronta siendo una especie de repetición de la primera vuelta (Momento 1). Esto implica que las normas e instrucciones de lo que hay que hacer ya han sido experimentadas y practicadas, lo que puede implicar que el Momento 2 se asuma con mayor soltura y confianza. Por tanto, es menor el tiempo necesario para desempeñarlo. En todo caso, esta reflexión sobre la propia práctica docente nos lleva a proponer darle la vuelta a los bloques de conceptos en próximos cursos y analizar el efecto provocado.

Conclusiones de la experiencia en la asignatura
Didáctica da lingua e a literatura: Galego

La profesora de esta asignatura destaca dos reflexiones por encima de todo. En primer lugar, indica que para poner en práctica tareas que exijan el trabajo cooperativo (como la estructura que se aborda en este capítulo), resulta fundamental incentivar constantemente al alumnado (en este caso concreto, provocar el intercambio de ideas para que se hable más y de ahí la estructura se desarrolle de manera más fructífera). Y, en segundo lugar, es también necesario recordar que trabajar de modo cooperativo y en equipo va más allá de sumar esfuerzos derivados de individualidades a la resolución de una tarea dada. Consecuentemente, la profesora entiende que esta estructura puede contribuir en un alto grado a la incrementación de la participación equitativa y a la interacción simultánea de todas las personas de un equipo.

Conclusiones generales

Quizás la mayor de las reflexiones que surge tras la puesta en práctica y análisis del conjunto "planificación-desarrollo-resultados" se deriva de un hecho que muchas veces también se nos puede olvidar al profesorado. Este hecho radica en una idea tan simple como que los equipos de trabajo de nuestro alumnado no son un conjunto de características particulares de cada integrante. En realidad, lo que sucede es que cada equipo adquiere una única concepción y/o singularidad derivada de las cualidades de cada persona que lo integra. Al unirse se crean sinergias que dan lugar a una identidad nueva (González-Sánchez y Aguaded-Ramírez, 2015), favorecida por la mayor participación y motivación que se potencia al trabajar de esta manera (Pérez y López, 2015). No obstante, trabajar con dinámicas y estructuras cooperativas no está libre de retos.

Las profesoras que han usado *Juego de palabras* en sus clases destacan algunos desafíos que es necesario tener en cuenta para su buen desarrollo. Las aportaciones que nos han hecho llegar profesoras que implementaron la estructura en la materia *Psicoloxía da Educación: Procesos de aprendizaxe escolar*, que se imparte en el 2º cuatrimestre del primer curso del Grado en Educación Primaria, señalan que esta requiere por parte del alumnado una gran interacción entre sí (al menos mayor de la que ellas observaron cuando implementaron esta estructura), así como el mantenimiento de la atención para ser capaces de integrar las contribuciones de sus colegas con las suyas. Entre los desafíos que atañen al profesorado, destacan los siguientes:

- Reforzar y explicar muy bien la importancia de que todas las personas participen, sin dividirse las tareas.
- Poner ejemplos de la tarea que se propone para facilitar su comprensión y obtener mejores resultados con el fin de que se desarrolle con mayor facilidad y calidad.
- Repartir los equipos en el espacio del aula de manera que haya una mayor separación entre ellos para facilitar la comunicación y evitar las interferencias, siempre que las condiciones físicas del aula lo permitan.

Como docentes, de *Juego de palabras* lo que nos llevamos es lo que nos ha aportado para progresar como profesionales, conocer más profundamente a nuestro alumnado, y perfeccionar la planificación de nuestras asignaturas, permitiéndonos aplicar mejoras para próximos cursos. Las colegas de *Psicoloxía da Educación: Procesos de aprendizaxe escolar* señalan que esta estructura permite activar conceptos previos y facilita repasar contenidos necesarios antes de iniciar un nuevo tema. Somos conscientes también de que estos beneficios son extensibles al uso de otras dinámicas y estructuras que se explican en este libro.

Trabajar en el marco del AC en la universidad supone una alternativa de gran potencial formativo, especialmente en los grados de educación, ya que consideramos absolutamente necesario ese componente socializador e interactivo que se provoca en las aulas universitarias. Todo el profesorado debiera saber trabajar de modo cooperativo, y si se trabaja así desde la formación inicial de profesionales, las competencias se empezarán a desarrollar antes. Sin embargo, también debemos encarar retos como:

- La ratio profesorado-alumnado que tenemos en la universidad, que es mucho mayor que en otras etapas educativas.
- La inicial disconformidad del alumnado por no poder escoger con quién trabajar, que se puede dar en algunos casos.
- La libertad de poder matricularse por asignatura, lo que implica no tener el mismo alumnado en todas las asignaturas de un curso dado para poder mantener los equipos en todas ellas.

En definitiva, después de un curso académico reflexionando y trabajando de esta manera, cimentada en la lógica de un método fundamentado (como el Programa Cooperar para Aprender/Aprender a Cooperar: CA/AC), sumado al soporte ya no solo del profesor del curso, sino también del equipo de trabajo en el que cada docente participante nos hemos integrado, podemos decir que esta es la manera de aprenderlo bien e interiorizarlo: cooperando.

© narcea, s. a. de ediciones

4

Ámbito C. El trabajo en equipo como contenido

Juan Luis Rodríguez-Rodríguez
Isabel Mociño-González

De dónde partimos

El trabajo cooperativo como competencia genérica se debe desarrollar en cualquier titulación, aunque adquiere especial relevancia en las del ámbito de las ciencias sociales y en aquellos trabajos que requieran de una intervención interdisciplinar. Desde la Facultade de Educación e Traballo Social, conscientes del valor de esta competencia transversal, nos cuestionamos si realmente el profesorado universitario está favoreciendo el AC y, sobre todo, si se está ayudando al alumnado a mejorar en sus competencias cooperativas, que impactan directamente en su futuro desempeño profesional (Gast et al., 2017; Healy et al., 2018; Johnson y Johnson, 2017b). De hecho, el enfoque formativo lleva normalmente a valorar el contenido a desarrollar en detrimento del proceso de desarrollo del equipo, que es donde radica la esencia del aprendizaje y la adquisición de la competencia (Asún et. al, 2019).

Una primera evaluación de las titulaciones que se imparten en el centro concluyó que desde las diferentes materias no se dedicaba tiempo al AC como competencia en sí misma, es decir, como contenido a trabajar con el alumnado a lo largo de la formación para su asimilación, sino que se promovían los trabajos en grupo sin tener en cuenta que cada individuo ha de interaccionar con los demás inspirando un nuevo espíritu de participación conjunta, cooperando, comunicándose, confiando, apoyándose mutuamente y considerando responsablemente la misión del equipo como propia (Gámez y Torres, 2013). De este modo, se facilita que el estudiantado aprenda que las tareas no son el fin sino el medio para alcanzar los objetivos académicos y también sociales y que interaccione con los otros miembros del grupo, reducido y heterogéneo, de modo que en esta comunicación se produzca un cambio en su comportamiento y en la forma de relacionarse, pasando a preocuparse de modo responsable unos de otros, a la vez que se movilizan conocimientos, habilidades y actitudes (Juárez-Pulido et al., 2019).

Ante la necesidad de enseñar al alumnado a aprender a cooperar o mejorar su capacidad de cooperar, surge la necesidad de sistematizar dicho aprendizaje desde sus bases conceptuales y procedimentales. De esta manera, se podría garantizar la adquisición de competencias genéricas, como el liderazgo compartido, el seguimiento mutuo del desarrollo de la tarea, el comportamiento de respaldo recíproco, la adaptabilidad, la capacidad de emitir juicios, la planificación, la iniciativa, la competencia comunicativa, la gestión de equipos de trabajo... todas ellas vinculadas a las áreas emocionales y socioafectivas.

El Programa CA/AC (Pujolàs y Lago, 2011) establece una serie de aspectos en el "*Ámbito C: el trabajo en equipo como contenido*" para el desarrollo de competencias del trabajo en equipo, que es la unidad básica de organización. Tiene como objetivo que el grupo mejore su capacidad de trabajar colaborativamente, lo que redundaría en la capacidad de organizarse mejor, de rendir al máximo y de poder beneficiarse todos sus miembros de esta forma de trabajar a partir de un proceso estructurado que implica acciones, a diferentes niveles, para generar cohesión grupal y para promover las habilidades necesarias que permitan gestionar las relaciones interpersonales y la comunicación (Azorín, 2018; La Prova, 2019). Y para ello, esta parte del programa ofrece dos instrumentos: el plan de equipo y el diario de sesiones, que facilitan, por una parte, la reflexión y aprendizaje del alumnado y, por la otra, el seguimiento del docente.

En definitiva, pretendemos enseñar a nuestro estudiantado las habilidades necesarias para gestionar, de manera cada vez más autónoma, equitativa y autorregulada, el aprendizaje en equipos cooperativos.

Qué planificamos

Para sistematizar la formación de nuestro alumnado desde diferentes asignaturas y a lo largo de los cursos de cada titulación se optó por implementar el "*Ámbito C: el trabajo en equipo como contenido*" del

Programa CA/AC (Pujolàs, 2009a; Pujolàs y Lago, 2011; Pujolàs et al., 2013). Este ámbito se centra en una serie de aspectos a enseñar y trabajar con el estudiantado que se resumen en:

1. *Objetivos*: ayudar a los grupos base a que concreten los objetivos y metas que se proponen. Dos de estos objetivos serán necesariamente: aprender los contenidos propios de la asignatura y ayudarse a aprender entre los miembros del equipo, mientras que un tercer objetivo será específico de cada grupo y estará relacionado con la interdependencia positiva de finalidades (Pujolàs y Lago, 2011, p. 151).

2. *Roles*: enseñar a los grupos a organizarse como equipo para conseguir los objetivos propuestos. Para ello, se les enseña que asuman dentro de cada grupo base diferentes roles y responsabilidades como: coordinador/a, secretario/a, responsable del material, portavoz, ayudante, etc. Aunque tomamos como referencia los marcados por los autores de referencia de este proyecto, somos conscientes de que son múltiples los modelos que existen de roles y funciones, permitiendo que se adapten o se creen modelos nuevos en base a la etapa educativa en la que se implante la metodología o a los objetivos que se propongan con esta (Castro-Martín y Sánchez-Suricalday, 2022). No olvidemos que el reparto de roles implica asumir diferentes tareas durante el desarrollo de la actividad, aunque con un objetivo en común (interdependencia positiva de roles, en la que no puede haber éxito individual sin éxito colectivo).

3. *Autorregulación*: ayudarles a que se autorregulen como equipo durante el desarrollo de las estructuras cooperativas, reflexionando e identificando qué aspectos desarrollan correctamente durante la actividad (respetar los turnos de cada estructura cooperativa, tener en consideración la opinión de los compañeros y compañeras del grupo base, rebatir respetuosamente las conclusiones de los miembros del grupo) y que aspectos deben mejorar. Posteriormente, establecen los medios para mejorar aquellos aspectos susceptibles de mejora, adquiriendo las habilidades sociales necesarias para trabajar en equipo.

Este acompañamiento formativo se desarrolla, fundamentalmente, con dos instrumentos del programa, tal como comentábamos antes: el plan de equipo y el diario de sesiones, que tienen como objetivo ayudar al estudiantado a generar una conciencia de equipo y proporcionarles las herramientas necesarias para planificar, supervisar y evaluar su progreso individual y el del grupo base.

Desarrollamos estos fines a través de la reflexión alrededor de los objetivos, roles y compromisos personales que se plasman en los planes de equipo y son evaluados periódicamente con objeto de identificar mejoras en la adquisición de las habilidades propias de la competencia cooperativa. En este sentido, Faustino-Sánchez (2020) incide en que la interacción cooperativa contribuye a la mejora de la construcción del conocimiento y repercute en el rendimiento académico, al promover la capacidad para gestionar el aprendizaje, la toma de consciencia de los aspectos que se desarrollan y de aquellos que es necesario mejorar para lograr las metas académicas que se han propuesto, además de que la interacción social en el marco del equipo es una oportunidad para generar una autopercepción favorable, fomentar la inclusión y reducir la desigualdad y discriminación académica (Castro-Martín y Sánchez-Suricalday, 2022; Valero-García, 2017).

Cómo lo hicimos

En el segundo cuatrimestre del curso 2022-23 se realizó un cronograma del último mes de docencia, en el que se programaron las clases en las que se iban a realizar las siguientes actividades: día para cubrir el plan de equipo en cada uno de los grupos base, días de implementación de las diferentes estructuras cooperativas en cada una de las asignaturas y los momentos en los que se iban a realizar los diarios de sesiones.

Para la elaboración del cronograma se debe tener en cuenta que lo idóneo es realizarlo entre varias asignaturas, siempre y cuando los miembros de los grupos base sean los mismos. De este modo, el estudiantado realiza diferentes estructuras cooperativas en las distintas asignaturas y, por tanto, puede completar los diarios de sesiones en cada una de ellas. El plan de equipo se ha de evaluar de todas las sesiones de las asignaturas. Cada grupo base tendría un único plan de equipo en un mismo período de tiempo, entre dos y cuatro semanas.

No obstante, dadas las dificultades organizativas de los grupos en las asignaturas universitarias de algunas de nuestras titulaciones, donde no coincide el mismo alumnado en diferentes asignaturas del mismo curso y cuatrimestre por seguir itinerarios diferentes, se optó por realizar el cronograma y, por tanto, el plan de equipo, de modo individualizado para cada asignatura.

En la Figura 10 se puede ver una ejemplificación del cronograma para la asignatura *Psicología del Desarrollo de 0 a 6 años* (primer curso, segundo cuatrimestre del Grado en Educación Infantil).

Figura 10. *Cronograma mes de abril-mayo*

PLANIFICACIÓN APRENDIZAJE COOPERATIVO

Plan Equipo (Negociar, Evaluar)	Diario de Sesiones

Abril

10 Plan de Equipo Elaboración	11	12 Lectura Compartida	13	14
17 Parada 3 min. 1-2-4	18	19 1-2-4 Lectura Compartida	20	21
24 FESTIVO PATRÓN UNIV.	25	26 Lápices al centro	27	28

Mayo

1 FESTIVO DÍA TRABAJO	2	3 Plan de Equipo Evaluación	4	5
8 Cambio roles Lectura compartida	9	10 Parada 3 min. 1-2-4	11	12

Nota. Modelo cubierto de la planificación del programa CA/AC (Pujolàs y Lago, 2011).

Esta dificultad organizativa originaba que el alumnado de un mismo curso y cuatrimestre contase con diferentes planes de equipo, uno por cada asignatura de las que estaban participando en este proyecto de innovación docente. Ello conllevaba dedicarle mucho tiempo al alumnado para planificar y cubrir los planes de equipo y diarios de sesiones, así como para evaluarlos posteriormente.

El plan de equipo

El plan de equipo es una "declaración de intenciones" (Pujolàs y Lago, 2011, p. 129) de cómo va a trabajar el grupo base y de lo que se proponen conseguir como equipo. Esta planificación tendrá que ser tenida en cuenta durante su temporalización: quince días, un mes... En el cronograma anterior se programó un plan de equipo para cuatro semanas, que comienza con su elaboración (10 de abril) y finaliza con su evaluación (3 de mayo).

En el plan de equipo se cubre el nombre del equipo base elegido por el grupo (el cual debería ser resultado de la ejecución de alguna de las dinámicas de cohesión grupal, como por ejemplo *El blanco y la diana)*. Figuran en él dos objetivos básicos: aprender los contenidos de la asignatura y ayudarse mutuamente en sus aprendizajes. A estos debe sumarse un objetivo específico de equipo, acordado por todos los miembros. Posteriormente, se designan los roles y especifican las funciones a desarrollar en cada uno de ellos, comentándoles que los roles rotarán en el siguiente plan de equipo, puesto que se pretende que todos los miembros asuman los diferentes roles.

En la Figura 11 se muestra un ejemplo de plan de equipo cubierto por un equipo base con nombres ficticios. Este grupo se propuso como tercer objetivo de equipo: "acabar la tarea en el tiempo programado", ya que dos miembros del grupo mantenían amplios debates que impedían finalizar las tareas durante el tiempo de clase.

En la primera sesión de este *Ámbito C* cada uno de los grupos base cubre el modelo del "Plan del equipo" propuesto en el programa CA/AC. Lo pueden hacer digitalmente o en papel, pero lo suben a la plataforma digital de la universidad (Moovi) de la asignatura correspondiente, de esta forma no se traspapela y el docente y los miembros del grupo tienen acceso en futuras sesiones. Es importante que el equipo base tenga su plan de equipo antes de cada una de las actividades cooperativas que se realicen, con objeto de que puedan recordar los objetivos, roles y aspectos de mejora propuestos, de ser el caso.

El diario de sesiones

Posteriormente, después de cada una o varias de las estructuras cooperativas realizadas, se cubre el diario de sesiones. Se puede realizar al acabar una estructura que nos haya llevado más tiempo, o después de varias estructuras seguidas. En el diario de sesiones valoramos, en un

Figura 11. *Plan de Equipo*

PLAN DEL EQUIPO

Período: 10 abril - 3 mayo

Centro:	Facultade de Educación e Traballo Social. Grao Educación Infantil
Curso:	1º Curso. Segundo cuatrimestre 22/23
Nombre del Equipo:	Divina Comedia

OBJETIVOS DEL EQUIPO:		Muy poco	Poco	Bastante	Mucho
1	Progresar en el aprendizaje				
2	Ayudarse unos a otros				
3	Acabar la tarea en el tiempo programado				

Nombre	Objetivos Personales	Muy poco	Poco	Bastante	Mucho
Sofía	Dejar participar al resto del equipo y no juzgar sus aportaciones				
Valeria	Participar más en cada turno				
Candela	Respetar lo que digan mis compañeras				
Carla	No dar la razón siempre a mis compañeras				

Cargo	Nombre	Muy poco	Poco	Bastante	Mucho
Coordinadora	Sofía				
Secretaria	Valeria				
Intendente	Candela				
Ayudante	Carla				

¿Qué hicimos especialmente bien?

¿Qué tenemos que mejorar?

Nota. Modelo cubierto del plan de equipo del programa CA/AC (Pujolàs y Lago, 2011) antes de su evaluación.

primer momento, los objetivos personales, una autoevaluación y, posteriormente, cada estudiante será evaluado por el resto del equipo base. En la Figura 12 se muestra la valoración de un equipo base según el modelo de "Diario de sesiones" propuesto por Pujolàs y Lago (2011).

Una vez finalizados los diarios de sesiones programados durante todo el plan de equipo se procede a la evaluación de este último. Se valoran tanto los objetivos de equipo y los objetivos personales, como las funciones desarrolladas de los cargos, en términos de muy poco, poco, bastante y mucho (ver Figura 12), y se reflexiona sobre que hicieron bien y que deben mejorar como equipo, teniendo en cuenta todos los diarios de sesiones. Una vez finalizada la valoración del plan de equipo se realiza un nuevo plan para otros 15-30 días, rotándose los cargos del anterior plan para que todos los miembros del equipo asuman las diferentes funciones.

Cómo salió

Lo primero que realizamos fue el cronograma para planificar la temporalización del plan de equipo, donde ya surgieron las primeras dificultades. Como ya se comentó, en algunos cursos y titulaciones no se mantiene el mismo grupo de estudiantes, lo que impide realizar el mismo plan de equipo entre varias asignaturas, por ello se optó por desarrollar varias modalidades de planes de equipo. En aquellas asignaturas que compartían el mismo grupo de alumnos (o prácticamente igual) y organizaron los mismos grupos base de alumnos, pudieron compartir el mismo plan de equipo. En cambio, en las asignaturas con diferente estudiantado y, por tanto, distintos grupos base, elaboraron un plan de equipo específico para la asignatura.

La explicación del funcionamiento del "Plan de equipo" y los "Diarios de sesiones" llevó más tiempo de lo esperado y hubo dificultades por parte del alumnado para entender los objetivos personales que tenían que proponer y las funciones de los distintos cargos. En algunos casos se percibía que los objetivos personales estaban vinculados con las tareas a realizar y no con el desarrollo del trabajo cooperativo; en otros, se repetían objetivos entre miembros del mismo equipo, evidenciando algunos desequilibrios en la formación de los grupos de trabajo. En cuanto a las funciones, las más complejas y menos definidas resultaron ser las de intendente y ayudante, produciéndose en algunos grupos la sensación de indeterminación de responsabilidades o duplicidad entre algunas de ellas.

Figura 12. *Diario de Sesiones*

DIARIO DE SESIONES

Nombre del equipo: La Divina Comedia		Curso: 1°	Grupo: Ed.
Año académico: 2022/2023	Fecha de la sesión: 19/04/2023		

¿Qué hemos hecho?

Nombre	Evaluación Objetivos Personales	
	¿Qué he hecho especialmente bien?	¿Qué tengo que mejorar?
Sofía	Dejé participar al resto de mis compañeras y respeté los turnos.	No juzgar aportaciones de mis compañeras y explicarles mi punto de vista.
Valeria	Participé más en todos mis turnos de la actividad.	Tengo que participar más en el turno de lectura compartida, en la fase de si estoy de acuerdo con el resumen de mis compañeras o no y aportar más.
Candela	Respeté lo que dijeron mis compañeras y di mi opinión.	Llegar a acuerdos entre las opiniones del grupo.
Carla	No logré el objetivo.	No dar la razón siempre a mis compañeras y dar mi propia opinión.

VALORACIÓN:

Mejoramos con respecto a las dos últimas sesiones como grupo, excepto Carla. Tenemos que ayudarnos entre nosotras para lograr el objetivo personal, apoyarnos entre nosotras, algo que no hicimos al estar pendiente cada una de su propio objetivo personal.

El secretario o la secretaria del Equipo:
Valeria

Nota. Modelo cubierto del diario de sesiones del programa CA/AC (Pujolàs y Lago, 2011).

Por todo ello, el equipo docente teníamos que pararnos grupo por grupo para ayudar a los equipos base a clarificar los objetivos y, sobre todo, las funciones de los cargos. Esta actividad resultó en algunos casos sumamente compleja, dado el gran número de equipos base a los que supervisar, que en algunos casos superaba la veintena. Este aspecto, junto al hecho de que los grupos base tuvieran varios planes de equipo en diferentes asignaturas al mismo tiempo, hizo que se le dedicase mucho tiempo a favorecer la comprensión del funcionamiento de la metodología y a cubrir los instrumentos (planes y diarios de sesiones), motivo por el que se quejó parte del alumnado en la valoración. No obstante, se debería considerar que el tiempo dedicado a estos instrumentos permite generar momentos de reflexión, imprescindibles para mejorar la actuación, el aprendizaje y la propia práctica educativa.

En general, los resultados fueron variados, según asignaturas y grupos base, observándose en la valoración del programa CA/AC que, con respecto a los *Ámbitos A* y *Ámbito B*, este tercer *Ámbito C* es el que genera más dificultad y resulta menos atractivo para el estudiantado, en buena medida por implicar una profunda reflexión crítica, a la que no está acostumbrado. Por otra parte, entre el equipo docente también genera cierto rechazo por tener que dedicarle tiempo a la valoración de los instrumentos, percibiendo que se le "resta" a los contenidos de la asignatura, considerado ya de por sí muy ajustado, cuando no escaso.

Qué aprendimos

Uno de los aspectos más relevantes del programa en general, y más específicamente del *Ámbito C*, fue la coordinación entre docentes universitarios. Se realizaron reuniones periódicas para formarnos y hablar del alumnado que compartíamos, de las experiencias docentes y la coordinación de los planes de equipo, algo infrecuente hasta el momento y muy enriquecedor, que esperamos que perdure y se sistematice.

También descubrimos las dificultades organizativas derivadas de la planificación docente para la formación de los equipos base coordinados entre asignaturas, problemática que es más acuciante en unos cursos y titulaciones que en otros. Esto supuso tener varios modelos de formación de grupos base, según la compartición de alumnado entre asignaturas.

Como conclusión, este *Ámbito C*, enseñar a trabajar en equipo de forma sistematizada, es un contenido novedoso, tanto para el estudiantado como para el equipo docente participante en el proyecto, dado que normalmente no se le dedica tiempo en el ámbito universitario, pero que resulta imprescindible para desarrollar, desde la cooperación y el diálogo, un enriquecimiento personal, social y académico que redunde en una sociedad inclusiva. Para ello es necesario acompañar en la reflexión crítica, en la asunción de compromisos que incrementen el deseo de aprender y en la percepción de que lo que se aprende es relevante, útil y tiene vínculos con los conocimientos previos. Es por ello que consideramos importante mentalizar al alumnado sobre la importancia de las habilidades necesarias para el trabajo cooperativo, dado que son fundamentales para el ejercicio de su profesión (ver capítulo 2), con objeto de motivarlos para el desarrollo del *Ámbito C* y su implicación en los planes de equipo.

Proponemos introducir el *Ámbito C* paulatinamente y, a medida que avanzan los cursos en el grado y con la experiencia de los años anteriores, desarrollar formatos más completos y complejos que redundarán en que la mayoría del estudiantado se esfuerce por trabajar en equipo y consigan los objetivos que se persiguen: aprender y ayudarse (Pujolàs y Lago, 2011, p. 153).

© narcea, s. a. de ediciones

Epílogo
Un proyecto con vocación de continuidad: ¿Dónde estamos? ¿Hacia dónde vamos?

María-Ainoa Zabalza-Cerdeiriña
Breogán Riobóo-Lois
Isabel Mociño-González
Almudena Alonso-Ferreiro

El Espacio Europeo de Educación Superior, incluso con las limitaciones en su implantación y desarrollo en nuestro país, supuso un gran reto a nivel didáctico y pedagógico en la universidad. Entre sus principales ámbitos de actuación destacan: el papel activo del alumnado en sus procesos de aprendizaje, la formación del profesorado y las prácticas formativas en el día a día del aula. Todos estos elementos han constituido el eje central del proyecto de la Facultade de Educación e Traballo Social que se ha presentado en este volumen.

La decisión de optar por estos elementos y priorizarlos frente a otros posibles, surge del análisis previo realizado en nuestra facultad por una parte importante del profesorado. Dicha reflexión compartida, nos condujo a la necesidad de mejorar nuestra formación para potenciar y desarrollar habilidades que nos permitieran profundizar en el conocimiento y utilización de metodologías activas. Consecuentemente, el *Aprendizaje Colaborativo,* tanto desde el punto de vista docente como desde las buenas prácticas en el aula, emergió como el paso esencial para la expansión de una nueva forma de ser, estar, enseñar y aprender en nuestra Facultad. Entendemos que eso era exactamente lo que la convergencia, en el marco del EEES, había planteado, subrayando algunas competencias generales a trabajar en todos los grados: *una formación crítica, reflexiva, basada en la responsabilidad personal y en la ética, atenta a la multiculturalidad, orientada a la colaboración y el trabajo en grupo* (Zabalza, 2008).

Este reto en el cambio de metodologías supuso responder explícitamente al modelo de aprendizaje basado en competencias y al aprendizaje a lo largo de la vida. Consultando la bibliografía especializada podemos encontrar diferentes propuestas de AC en otros niveles educativos, fundamentalmente en la educación primaria y secundaria, pero asumíamos el reto de hacerlo por vez primera en el ámbito universitario, donde no había experiencias previas publicadas en nuestro país.

En la evaluación del diseño e implementación del programa de AC nos gustaría destacar algunos de los aspectos más relevantes. En primer lugar, aun no siendo una tarea fácil poder llevar a cabo un proyecto de este tipo en una facultad como la nuestra, en la que coexisten cuatro titulaciones de grado y multitud de áreas y departamentos, supuso la creación de algo que llevábamos reclamando hacía tiempo: la creación de espacios de reflexión y debate conjunto y de formación compartida entre el profesorado.

A su vez, el poder diseñar y planificar conjuntamente un proyecto de facultad potente e ilusionante y que, en último término, nos permitía trabajar como parejas educativas en su implementación en nuestras aulas también favoreció nuestro conocimiento mutuo, tanto profesional como personal. Sin duda, es este ámbito personal el que acostumbra a quedar muy relegado en instituciones grandes, incapaces de fomentar la interacción y el desarrollo de afectos entre personas de diversas áreas o departamentos. Así pues, no es de extrañar que, en nuestro caso, haya sido uno de los aspectos más valorados.

Si bien es cierto que, globalmente, la valoración fue muy positiva, encontramos algunas limitaciones sobre las que es necesario trabajar en el futuro. Algunas de ellas son más fáciles de resolver, como pueden ser la organización física de las aulas, que solventamos a través de la disposición de zonas de trabajo cooperativo (Figura 13), de tal forma que el espacio contribuyese a este proceso de cooperación y ayuda en el proceso de aprendizaje.

Figura 13. *Puerta e interior de un aula de la Facultade de Educación e Traballo Social*

Sin embargo, la limitación principal, más difícil de resolver, tiene que ver con una de las especificidades de la etapa universitaria, las características particulares del claustro docente, y relacionada con la voluntariedad de la implicación del profesorado en acciones formativas dentro de la facultad. A esto se une la complicada gestión de los tiempos debido a los diferentes horarios del profesorado que compagina sus clases con tareas de investigación, formación o gestión; así como a los diversos perfiles de profesorado, como el asociado, el contratado predoctoral o el de listas de espera, entre otros. Todas estas complejidades se van acumulando y afectan de forma decisiva al desarrollo ordinario del centro y a las dinámicas e interacción existente entre el profesorado. Esta circunstancia se hace patente tanto en el momento de poder reunirnos para formarnos, como en poder participar conjuntamente en sesiones de parejas educativas con el alumnado. El resultado de estas estrecheces es que, parte del profesorado, aun estando interesado en el proyecto, no se pudo implicar debido a incompatibilidades horarias.

¿Y ahora qué?

Después de la puesta en marcha del "Programa CA/AC" en el curso 2022-2023, como proyecto de innovación docente de la Facultad, nos encontramos en la actualidad en una fase de asentamiento y evaluación de la puesta en marcha inicial.

En este nuevo momento del proyecto, abordaremos la convivencia de dos fases:

a) La incorporación de nuevo profesorado al proyecto.
b) La continuación de aquel profesorado que ya está implementando las propuestas con mayor capacidad, autonomía y determinación.

La combinación de ambos perfiles facilitará el enriquecimiento de las propuestas y las dinámicas, permitiéndonos incorporar nuevos cursos y asignaturas, a la vez que configurar parejas y grupos de trabajo en los dos niveles y con visiones y retroalimentaciones que entendemos de un gran valor educativo para todo el grupo. La participación inicial y continuidad de medio centenar de docentes de los cuatro grados diferentes, junto con la incorporación de otra decena es un claro reflejo del compromiso e implicación del profesorado de la facultad. Un profesorado que apuesta por la formación y actualización continua, aprendiendo, en este caso, sobre metodologías activas como el AC y haciéndolo, además, de manera conjunta, como facultad. Sin duda, este hecho es uno de los grandes logros, al tiempo que la consecución de uno de los objetivos esenciales que nos propusimos al inicio de este proyecto.

Entendiendo la Universidad desde un punto de vista humanista, sin renunciar a los contenidos más curriculares de cada ámbito de estudio, con acciones como la de implantar este proyecto, pretendemos poner en valor la importancia de la adquisición, el desarrollo y la práctica, a lo largo de los estudios de grado, de una serie de competencias clave. Concretamente, nos referimos a aquellas que se dirigen a posibilitar y favorecer que el alumnado participe activamente, no solo en sus respectivos ámbitos de estudio y laborales, si no también acompañar su recorrido hacia la construcción de sus proyectos de vida autónoma e independiente, con el objetivo de que se constituyan como ciudadanía activa, crítica y reflexiva.

REFERENCIAS BIBLIOGRÁFICAS*

Almeida, L.S., Soares, A.P., y Ferreira, A.G. (2000). Transição e adaptação à universidade. Apresentação de um questionário de vivências académicas (QVA). *Psicologia, 14*(2), 189-207. http://hdl.handle.net/1822/12069

ANECA (2004a). *Libro Blanco. Título de Grado en Pedagogía y Educación Social.* Agencia Nacional de Evaluación de la Calidad y Acreditación.

ANECA (2004b). *Libro Blanco. Título de Grado en Trabajo Social.* Agencia Nacional de Evaluación de la Calidad y Acreditación.

Angulo, V., y Álvarez, E. (2022). Pausas de movimiento: Efectos sobre la percepción de la atención y divagación mental en una clase universitaria. *Contexto, 8*, 77-91. https://doi.org/10.54761/contexto.num8.32

Ashman, A.F., y Gillies, R.M. (2013). Collaborative learning for diverse learners. En C.E. Hmelo-Silver, C.A. Chinn, C.K.K. Chan y A. Donnell (Eds.), *Educational psychology handbook series. The international handbook of collaborative learning* (pp. 297-313). Routledge.

Asún, S., Rapún, M., y Romero, M.R. (2019). Percepciones de Estudiantes Universitarios sobre una Evaluación Formativa en el Trabajo en Equipo. *Revista Iberoamericana de Evaluación Educativa, 12*(1), 175-192. https://doi.org/10.15366/riee 2018.12.1

Azorín, C.M. (2018). El método de aprendizaje cooperativo y su aplicación en las aulas. *Perfiles Educativos, 40*(161), 181-194. http://www.redalyc.org/articulo.oa? id=13258436011

Ballesta, A. (2018). El aprendizaje cooperativo como estrategia organizativa y metodológica en las aulas de educación primaria. *Publicaciones Didácticas, 92*, 577-590. https://publicacionesdidacticas.com/hemeroteca/articulo/092110

---

* Todos los vínculos que aparecen en estas referencias han sido consultados con fecha 24 de junio de 2024.

Barragan-Arias, I.C. y Arias-Ortiz, C. (2018). Aprendizaje cooperativo en la formación de ingenieros. *Revista Libre Empresa, 15*(1), 119-132. https://dialnet.unirioja. es/servlet/articulo?codigo=6586877

Bartlett, F.C. (1943). Ferrier Lecture-Fatigue following highly skilled work. *Proceedings of the Royal Society of London. Series B-Biological Sciences, 131*(864), 247-257. https:// doi.org/10.1098/rspb.1943.0006

Boksem, M.A., Meijman, T.F., y Lorist, M.M. (2005). Effects of mental fatigue on attention: An ERP study. *Cognitive Brain Research, 25*(1), 107-116. https://doi. org/10.1016/j.cogbrainres.2005.04.011

Bolarín, M.J. (2012). *Una experiencia de trabajo cooperativo en el grado de Educación Infantil: la perspectiva del alumnado*. Comunicación presentada a las X Jornadas de Redes de Investigación en Docencia Universitaria 2012. Universidad de Alicante. 7-8 de junio. https://web.ua.es/es/ice/jornadas-redes-2012/documentos/ comunicaciones-orales/251284.pdf

Brown, I.D. (1994). Driver fatigue. *Human Factors, 36*(2), 298-314. https://doi. org/10.1177/001872089403600210

Carbajal, J. (2017). El aprendizaje cooperativo y las competencias genéricas en el estudiante de la Universidad Nacional Mayor de San Marcos. (Trabajo de Fin de Máster, Universidad Cesar Vallejo). https://repositorio.ucv.edu.pe/handle/ 20.500.12692/17025

Carlino, P. (2003). Alfabetización académica: un cambio necesario, algunas alternativas posibles. *Educere, 6*(20), 409-420. http://www.redalyc.org/articulo.oa?id= 35662008

Carlino, P. (2005). *Escribir, leer y aprender en la universidad. Una introducción a la alfabetización académica*. Fondo de Cultura Económica.

Carlino, P. (2013). Alfabetización Académica diez años después. *Revista Mexicana de Investigación Educativa, 18*(57), 355-381. http://www.redalyc.org/articulo.oa?id= 14025774003

Carrasco, C., y Luzón, A. (2019). Respeto docente y convivencia escolar: significados y estrategias en escuelas chilenas. *Psicoperspectivas, 18*(1), 64-74. https://dx. doi.org/10.5027/psicoperspectivas-Vol18-Issue1-fulltext-1494

Castillo, I.S., y Suárez, B. (2020). Una experiencia inclusiva de aprendizaje cooperativo: Fomentando habilidades para el empleo en la universidad. *Siglo Cero, 51*(2), 55-72. https://doi.org/10.14201/scero20205125572

Castro-Martín, B., y Sánchez-Suricalday, A. (2022). La investigación-acción en educación superior: indagando sobre el aprendizaje cooperativo. *HUMAN REVIEW. International Humanities Review/Revista Internacional de Humanidades, 14*(6), 1-9.

Chica-Martínez, A., y Checa-Fernández, P. (2023). Atención, procesamiento de la información sensorial y sistemas atencionales. En D. Redolar, *Neurociencia cognitiva* (2ºed. pp. 413-436). Editorial Panamericana.

Consenza, R.M., y Guerra, L.B. (2011). *Neurociencia e educação: como o cérebro aprende*. Artmed.

Cotrina, M., García, M., y Caparrós, E. (2017). Ser dos en el aula: las parejas pedagógicas como estrategia de co-enseñanza inclusiva en una experiencia de formación inicial del profesorado de secundaria. *Aula Abierta, 46*(2), 57-64. https:// doi.org/10.17811/rifie.46.2.2017.57-64

Crespí, P. (2019). *La necesidad de una formación en competencias personales transversales en la universidad. Diseño y evaluación de un programa de formación.* Fundación Universitaria Española.

Damon, W., y Phelps, E. (1989). Critical Distinctions Among three Approaches to Peer Education. *Intercultural Journal of Educational Research, 13*(1), 9-19. https://doi.org/10.1016/0883-0355(89)90013-X

Dehaene, S. (2019). *¿Cómo aprendemos? Los cuatro pilares con los que la educación puede potenciar talentos de nuestro cerebro.* Siglo Veintiuno Editores.

Delors, J. (Dir.). (1996). *La educación encierra un tesoro.* UNESCO. https://unesdoc.unesco.org/ark:/48223/pf0000109590_spa

Denis, F., Neves, A., Costa, C., Peixoto, F., Almeida, L., Bartolo, R., y Casanova, J. (2019). Adaptação ao ES: A importância das variáveis sócio-afetivas para o rendimento académico no 1º ano. En M. Peralbo, A. Risso, A. Barca-Lozano, B. Silva, L.S. Almeida y J.C. Brenlla (Eds.), *Actas del XV Congreso Internacional Gallego-Portugués de Psicopedagogía / II Congreso de la Asociación Científica Internacional de Psicopedagogía* (pp. 3486-3497). 4, 5 y 6 se septiembre de 2019, A Coruña. https://doi.org/10.17979/spudc.9788497497268

Díez, A., y Gutiérrez, R. (Coords.). (2020). *Lectura y dificultades lectoras en el siglo XXI.* Octaedro.

Domingo, J. (2010). El aprendizaje cooperativo y las competencias. *Revista d'Innovació Docent Universitària, 2,* 1-9. https://doi.org/10.1344/105.000001520

Domingo, J. (2020). El aprendizaje cooperativo: ¿qué pasa si...? En D. Cabañete y J. Colomer (Coords.), *El aprendizaje cooperativo en la universidad del siglo XXI. Propuestas, estrategias y reflexiones* (pp. 41-49). Graó.

Durán, D. (2018). Aprendizaje entre iguales. Evidencias, instrumentos para la inclusión y aprendizaje del alumno que ofrece ayuda. En J.C. Torrego y C. Monge. (Coords.), *Inclusión educativa y aprendizaje cooperativo.* Síntesis.

Espinoza, E.E., Samaniego, R., Guamán, V.J., y Vélez, E.O. (2020). La metodología cooperativa para el aprendizaje. Universidad técnica de Machala. *Publicaciones, 50*(2), 41-58. https://doi.org/10.30827/publicaciones.v50i2.13942

Estrada, M., Monferrer, D., y Moliner, M. (2016). El aprendizaje cooperativo y las habilidades socioemocionales: una experiencia docente en la asignatura Técnicas de Ventas. *Formación Universitaria, 9*(6), 43-62. https://dx.doi.org/10.4067/S0718-50062016000600005

Faustino-Sánchez, M.A (2020). Aprendizaje cooperativo e interacción social en contexto universitario. *Episteme Koinonia, Revista Electrónica de Ciencias de la Educación, Humanidades, Artes y Bellas Artes, 3*(1), 255-268. http://dx.doi.org/10.35381/e.k.v3i1.1006

Felder, R., y Brent, R. (1994). *Cooperative learning in technical courses: procedures, pitfalls, and payoffs.* ERIC Document Reproduction Service Report ED 377038.

Fernández, G. (2021). Cohesión grupal y rendimiento académico: Un estudio de caso en el entorno educativo de segundas lenguas. *Ignis, 1,* 101-124.

Fernández-Mellizo, M. (2022). *Análisis del abandono de los estudiantes de grado en las universidades presenciales en España.* Ministerio de Universidades. https://www.universidades.gob.es/wp-content/uploads/2022/11/EAU_Informe_abandono.pdf

Fernández-Menor, I. (2023). El enganche y sentido de pertenencia escolar en Educación Secundaria: conceptos, procesos y líneas de actuación. *Revista de Investigación en Educación, 21*(2), 156-171. https://doi.org/10.35869/reined. v21i2.4597

Fernández-Río, J. (2017). El Ciclo del Aprendizaje Cooperativo: una guía para implementar de manera efectiva el aprendizaje cooperativo en educación física. *Retos, 32,* 264-269. https://doi.org/10.47197/retos.v0i32.51298

FETS (2023). Programa de Desenvolvemento Estratéxico. *Facultade de Educación e Traballo Social. Universidade de Vigo.* http://fcce.uvigo.es/gl/calidade/pde/

Fragueiro, M.S., Muñoz, M., y Soto, J.R. (2012). «1-2-4». Una técnica de aprendizaje cooperativo sencilla aplicada al área de conocimiento del medio natural, social y cultural. *Innovación Educativa, (22),* 87-96. https://revistas.usc.gal/index.php/ ie/article/view/733

Freire, P. (1970). *Pedagogía del oprimido.* Tierra Nueva.

Fuentesal, J., y Pastor, D. (2019). El aprendizaje cooperativo y sus dimensiones. Experiencias prácticas, *Educación y Futuro, 41,* 161-182. https://redined. educacion.gob.es/xmlui/bitstream/handle/11162/201224/Fuentesal. pdf?sequence=1&isAllowed=y

Galarreta, P.N.F. (2019). Nuevas formas de aprendizaje cooperativo en el aula, favorecen la atención en estudiantes de institutos superiores. *Educación, 25*(1), 107-114. https://doi.org/10.33539/educacion.2019.v25n1.1776

Gámez, M.J., & Torres, C. (2013). Group techniques as a methodological strategy in acquiring teamwork abilities by college students. *Journal for Educators, Teachers and Trainers, 4*(2), 14-25.

García-Pérez, J.B. (2015). Técnica cooperativa 4-2-1 como variación de la 1-2-4. *Revista-Blog on line Transformar la escuela.* https://www.jblasgarcia.com/2019/04/ tecnica-cooperativa-4-2-1-como.html

González-Sánchez, A., y Aguaded-Ramírez, E. (2015). Aprendizaje cooperativo como aprendizaje efectivo. *ReiDoCrea, 4,* 206–212. http://hdl.handle.net/10481/ 37168

Gutiérrez-Ruiz, K., Paternina, J., Zakzuk, S., Mendez, S., Castillo, A., Payares, L., y Peñate, A. (2020). Las funciones ejecutivas como predictoras del rendimiento académico de estudiantes universitarios. *Psychology, Society &Amp; Education, 12*(3), 161–174. http://hdl.handle.net/10835/8994

Guzmán, JA., Sánchez-Betancourt, J. T., López, N.M., Hernández, V.F., y Reyes, V.R. (2022). Diferencias en la atención sostenida en jóvenes universitarios con distintos niveles de uso de smartphone. *Interdisciplinaria: Revista de Psicología y Ciencias Afines, 39*(2), 23-36. https://www.redalyc.org/journal/180/18070801002/

Johnson, A., y Proctor, R.W. (2015). *Atención. Teoría y práctica.* Editorial Universitaria.

Johnson, D.W., Johnson, R.T., y Holubec, E.J. (1999). *El aprendizaje cooperativo en el aula.* Paidós.

Johnson, D.W., y Johnson, R.T. (2009). An educational psychology success story: Social interdependence theory and cooperative learning. *Educational Researcher, 38,* 365-379. https://doi.org/10.3102/0013189X09339057

Johnson, D.W., y Johnson, R.T. (2014). Cooperative learning in 21st Century. *Anales de Psicología, 30*(3), 841-851. https://doi.org/10.6018/analesps.30.3.201241

Johnson, D.W., y Johnson, R.T. (2016). Cooperative learning and teaching citizenship in democracies. *International Journal of Educational Research, 76*, 162-177. https://doi.org/10.1016/j.ijer.2015.11.009

Johnson, D.W., y Johnson, R.T. (2017a). Impacto de la interdependencia social en los resultados: Inclusión y mejora educativa. En J.C. Torrego, L. Rayón, y Muñoz y P. Gómez (Coords.), *Inclusión y mejora educativa* (pp. 19-47). Servicio de Publicaciones Universidad de Alcalá.

Johnson, D.W., y Johnson, R.T. (2017b). The use of cooperative procedures in teacher education and professional development. *Journal of Education for Teaching, 43*(3), 284-295. https://doi.org.10.1080/02607476.2017.1328023

Juárez-Pulido, M., Rasskin-Gutman, I., y Mendo-Lázaro, S. (2019). El aprendizaje cooperativo, una metodología activa para la educación del siglo XXI: una revisión bibliográfica. *Prisma Social, 26*, 200-210. https://revistaprismasocial.es/article/view/2693

Kagan, S. (1992). *Cooperative learning*. Resources for Teachers Inc.

Kagan, S. (1999). *Cooperative Learning*. Resources for Teachers, Inc.

Kagan, S. y Kagan, M. (2009). *Kagan cooperative learning*. Kagan Publishing.

Kaplan, S., y Kaplan, R. (2009). Creating a larger role for environmental psychology: The reasonable person model as an integrative framework. *Journal of Environmental Psychology, 29*(3), 329-339. https://doi.org/10.1016/j.jenvp.2008.10.005

Kim, K., Milne, G.R., y Bahl, S. (2018). Smart phone addiction and mindfulness: an intergenerational comparison. *International Journal of Pharmaceutical and Healthcare Marketing, 12*(1), 25-43. https://doi.org/10.1108/IJPHM-08-2016-0044

La Prova, A. (2017). *La práctica del aprendizaje cooperativo. Propuestas operativas para el grupo-clase*. Narcea.

León-del-Barco, B., Mendo, S., Felipe-Castaño, E., Polo-del-Río, M.I., y Fajardo-Bullón, F. (2017). Potencia de equipo y aprendizaje cooperativo en el ámbito universitario. *Revista de Psicodidáctica, 22*(1), 9-15. https://doi.org/10.1387/RevPsicodidact.14213

Londoño, L.P. (2009). La atención: un aspecto psicológico básico. Attention as a basic psychological proces. Pensando Psicología. *Revista de la Facultad de Psicología Universidad Cooperativa de Colombia, 8*, 91-100. https://dspace.uib.es/xmlui/bitstream/handle/11201/150730/555786.pdf?sequence=1&

Luque, A.M., Pérez, I.R., Aguilar, J.A., y Rozas, M.R. (2021). Aprendizaje cooperativo y habilidades sociales: Universidad Nacional Jorge Basadre Grohmann. *Horizonte de la Ciencia, 11*(21), 239-254. https://doi.org/10.26490/uncp.horizonteciencia.2021.21.909

Mackworth, N.H. (1948). The breakdown of vigilance during prolonged visual search. *Quarterly Journal of Experimental Psychology, 1*(1), 6-21. https://doi.org/10.1080/17470214808416738

Marcelo, C. (2008). Estudio sobre la innovación educativa en España. En J. Gairín y S. Antúnez (Coords.), *Organizaciones educativas al servicio de la sociedad* (520-533). Wolters Kluwer.

Marín, S. (2002). Multiculturalidad y aprendizaje cooperativo. En Junta de Extremadura (Ed.), *Actas Congreso "Interculturalidad y Educación"* (pp. 261-267). Artes Gráficas REJAS.

Martínez, A. (2020). La metodología lecto-escritora desde el enfoque retórico-procesual. En A. Diez y R. Gutiérrez (Coords.), *Lectura y dificultades lectoras en el siglo XXI* (pp. 854-868). Octaedro.

Mayordomo, R.M., y Onrubia, J. (2015). El aprendizaje cooperativo. Elementos conceptuales. En R.M. Mayordomo y J. Onrubia (Coords.), *El aprendizaje cooperativo* (pp. 17-48). Editorial UOC.

Medina-Bustamante, S.M. (2021). El aprendizaje cooperativo y sus implicaciones en el proceso educativo del siglo XXI. *Innova Research Journal, 6*(2), 62-76. https://doi.org/10.33890/innova.v6.n2.2021.1663

Melgarejo, V., y Félix, T. (2021). Aprendizaje cooperativo y la formación docente por competencias en la Universidad Nacional Daniel Alcides Carrión. *Horizonte de la Ciencia, 11*(20), 234-242. https://doi.org/10.26490/uncp.horizonteciencia.2021.20.780

Mendo, S., León, B., Polo, M.I. y López, V. (2022). The Impact of Cooperative Learning on University Students' Academic Goals. *Front. Psychol., 12.* https://doi.org/10.3389/fpsyg.2021.787210

Merino-Pantoja, E., Cabello-Teran, J., y Merino-Vidandossy, E. (2017). El teléfono móvil y los estudiantes universitarios: una aproximación a usos, conductas y percepciones. *Pixel-Bit. Revista de Medios y Educación,* (51), 81-96. https://doi.org/10.12795/pixelbit.2017.i51.06

Moliner, O., Moliner, L., Sanahuja, A., y Sanmateo, V. (2015). Análisis de los elementos de la tutoría entre iguales que posibilitan avanzar hacia la construcción de una escuela intercultural inclusiva y democrática. *Revista Latinoamericana de Educación Inclusiva. 9*(2), 41-58. http://hdl.handle.net/10234/153831

Montoya, M.D., Mañas, I., Gil, C., Herrada, R.I., y Franco, C. (2012). *Integrando el aprendizaje cooperativo y la atención plena (mindfulness) en el desarrollo de competencias.* Propuestas de actividades y metodologías específicas para la mejora del bilingüismo en Ingeniería. Editorial Universidad de Almería, 89-127. https://es.readkong.com/page/integrando- el-aprendizaje-cooperativo-y-la-atenci-n-plena-1031751

Oberto, T. (2014). El aprendizaje cooperativo como herramienta para la educación universitaria. *Revista Educación en Valores, 1*(21), 58-69. http://servicio.bc.uc.edu.ve/multidisciplinarias/educacion-en-valores/v1n21/art09.pdf

Oliva, H.A. (2014). El uso de teléfonos móviles en el sistema educativo público de el Salvador: ¿Recurso didáctico o distractor pedagógico? *Revista Realidad y Reflexión, 40,* 59-76. https://doi.org/10.5377/ryr.v40i0.2752

Orden ECI/3854/2007, de 27 de diciembre, por la que se establecen los requisitos para la verificación de los títulos universitarios oficiales que habiliten para el ejercicio de la profesión de Maestro en Educación Infantil. *Boletín Oficial del Estado,* núm. 312, de 29 de diciembre de 2007.

Orden ECI/3857/2007, de 27 de diciembre, por la que se establecen los requisitos para la verificación de los títulos universitarios oficiales que habiliten para el ejercicio de la profesión de Maestro en Educación Primaria. *Boletín Oficial del Estado,* núm. 312, de 29 de diciembre de 2007.

Ortiz, A. (2011). Hacia una nueva clasificación de los modelos pedagógicos: El pensamiento configuracional como paradigma científico y educativo del siglo XXI. *Revista Praxis, 7*, 121-137. https://revistas.unimagdalena.edu.co/index.php/praxis/article/view/18

Ovejero, A. (2013). *Utilidad del aprendizaje cooperativo/colaborativo en el ámbito universitario* [Conferencia]. IV Congreso Internacional Estrategias hacia el aprendizaje colaborativo, Girona.

Ovejero, A. (2018). *Aprendizaje cooperativo crítico. Mucho más que una eficaz técnica pedagógica*. Pirámide.

Peña, J.D. (2010). El aprendizaje cooperativo y las competencias. *Revista d'Innovació Docent Universitària: RIDU*, (2), 1-9. http://doi.org/10.1344/105.000001520

Pérez, A.M., y Poveda, P. (2008). Autoconcepto y aprendizaje cooperativo. *Bordón, 60*(3), 85-97. https://recyt.fecyt.es/index.php/BORDON/article/view/29141

Pérez, A.M., y Poveda, P. (2010). Atribuciones causales y aprendizaje cooperativo. *Revista Española de Orientación y Psicopedagogía, 21*(1,) 59-69. http://www.redalyc.org/articulo.oa?id=338230784006

Pérez, M. (2020). Aprendizaje cooperativo como estrategia metodológica para el estudio de las Ciencias Sociales. *Revista UNIMAR, 38*(2), 219-243. https://doi.org/10.31948/Rev.unimar/unimar38-2-art9

Pérez, R., y López, R. (2015). El aprendizaje cooperativo. Una propuesta docente hacia el aprendizaje significativo de los estudiantes de la universidad. *FUNCAS*, 763, 1-32. https://www.funcas.es/documentos_trabajo/el-aprendizaje-cooperativo-una-propuesta-docente-hacia-el-aprendizaje-significativo-de-los-estudiantes-en-la-universidad-enero-2015/

Perlado, I., Muñoz, Y., Torrego, J.C. (2019). Implicaciones de la formación del profesorado en aprendizaje cooperativo para la educación inclusiva. *Profesorado. Revista de Currículum y Formación de Profesorado, 23*(4), 128-151. https://doi.org/10.30827/profesorado.v23i4.9468

Pinos, N., Hurtado, S.N., y Rebolledo, D.M. (2018). Uso del teléfono celular como distractor del proceso de enseñanza-aprendizaje. *Enfermería Investiga, 3*(4), 166-171. https://revistas.uta.edu.ec/erevista/index.php/enfi/article/view/381

Pliego, N. (2011). El aprendizaje cooperativo y sus ventajas en la educación intercultural. *Hekademos. Revista Educativa Digital, 8*, 63-76. https://dialnet.unirioja.es/servlet/articulo?codigo=3746890

Ponce, L.E., Ponce, S.D., y Andresen, H.M. (2014). Efectos neurológicos por teléfonos celulares: revisión bibliográfica y modelos matemáticos. *Interciencia, 39*(12), 843-849. http://www.redalyc.org/articulo.oa?id=33932786003

Pujolàs, P. (2004). *Aprender juntos alumnos diferentes: los equipos de aprendizaje cooperativo en el aula*. Octaedro.

Pujolàs, P. (2008). *Nueve ideas clave. El aprendizaje cooperativo*. Graó.

Pujolàs, P. (2009a). La calidad en los equipos de aprendizaje cooperativo. Algunas consideraciones para el cálculo del grado de cooperatividad. *Revista de Educación, 349*, 225-239. https://www.educacionyfp.gob.es/dam/jcr:5f193af2-b80c-4161-86f4-1bf2cf9d8d13/re34911-pdf.pdf

Pujolàs, P. (2009b, 5-9 de octubre). *Aprendizaje Cooperativo y Educación Inclusiva: Una forma práctica de aprender juntos alumnos diferentes.* VI Jornadas de cooperación educativa con Iberoamérica sobe educación especial e inclusión educativa. Guatemala.

Pujolàs, P. (2012). Aulas inclusivas y aprendizaje cooperativo. *Educatio Siglo XXI, 30*(1), 89-112. https://revistas.um.es/educatio/article/view/149151

Pujolàs, P., y Lago, J.R. (2012), Un programa para cooperar y aprender. *Cuadernos de Pedagogía. 428,* 24-26. https://convivencia.files.wordpress.com/ 2013/01/ pere_lago.pdf

Pujolàs, P., y Lago, J.R. (2018). *Aprender en equipos de aprendizaje cooperativo: el Programa CA/AC ("Cooperar para aprender/Aprender a cooperar").* Octaedro.

Pujolàs, P., y Lago, J.R. (Coords.). (2011). *El programa CA/AC ("cooperar para aprender / aprender a cooperar") para enseñar a aprender en equipo. Implementación del aprendizaje cooperativo en el aula.* Universidad de Vic.

Pujolàs, P., Lago, J.R., y Naranjo, M. (2013). Aprendizaje cooperativo y apoyo a la mejora de las prácticas inclusivas. *Revista de Investigación en Educación, 11*(3), 207-218. https://revistas.uvigo.es/index.php/reined/article/view/1979/1890

Rayón, L. y Torrego, J.C. (2018). *Aprendizaje cooperativo, inclusión e investigación educativa. Aportaciones de los diseños mixtos.* En J.C. Torrego y C. Monge (Coords.), *Inclusión educativa y aprendizaje cooperativo* (pp. 221-242). Síntesis.

Ríos-Lago, M., Muñoz, J.M., y Paúl, N. (2007). Alteraciones de la atención tras daño cerebral traumático: evaluación y rehabilitación. *Rev Neurol, 44* (5), 291-297. https://doi.org/10.33588/rn.4405.2006208

Rodríguez, M.S., Tinajero, C., y Páramo, M.F. (2017). Pre-entry Characteristics, Perceived Social Support, Adjustemnt and Academic Achivement in First-Year Spanish University Students: A Path Model. *Journal of Psychology, 151*(8), 722-738. https://doi.org/10.1080/00223980.2017.1372351

Rué, J. (1998). El aula: un espacio para la cooperación. En C. Mir (Coord.). *Cooperar en la escuela. La responsabilidad de educar para la democracia* (pp. 17-50). Graó.

Ruiz-Contreras, A., y Cansino, S. (2005). Neurofisiología de la interacción entre la atención y la memoria episódica: revisión de estudios en modalidad visual. *Rev Neurol., 41*(12), pp. 733-743. https://doi.org/10.33588/rn.4112.2004619

Salamanca, C. (2011). Dos docentes, dos miradas: la pareja educativa. *Tarbiya, 42,* 95-102. https://revistas.uam.es/tarbiya/article/view/267/253

Salmerón, C. (2010). *Desarrollo de la competencia social y ciudadana a través del aprendizaje cooperativo* [Tesis doctoral]. Universidad de Granada.

Sánchez, F. (2018). *Redes sociales: del daño virtual a la responsabilidad legal.* Universidad Sergio Arboleda.

Sánchez-Baya, A.M. (2019). Estructuras de Aprendizaje Cooperativo: Análisis y técnicas de intervención en el aula. *Campus Educación Revista Digital Docente,* 13, 59-62. https://www.campuseducacion.com/revista-digital-docente/numeros/13/

Sánchez-Elvira, A., López-González, M.A., y Fernández-Sánchez, M.V. (2010). Análisis de las competencias genéricas en los nuevos títulos de grado del EEES en las universidades españolas. *REDU: Revista de Docencia Universitaria, 8*(1), 35-73. https://doi.org/10.4995/redu.2010.6217

Santos, L., y Almeida, L.S. (2001). Vivências académicas e rendimento escolar: Estudo com alunos universitários do 1.º ano. *Análise psicológica, 19*(2), 205-217. https://doi.org/10.14417/ap.354

Sanz-Blas, S., Buzova, D., y Herrero-Báguena, B. (2022). Uso abusivo de redes sociales y repercusión en el desempeño académico del estudiante Universitario. *INNODOCT.* 443-449. http://doi.org/10.4995/INN2022.2022.16499

Scallon, G. (2004). *L'évaluation des apprentissages dans une approche par compétences.* Éditions du Renouveau Pédagogique.

Serrano, J.M., y Calvo, M.T. (1994). *Aprendizaje cooperativo. Técnicas y análisis dimensional.* CajaMurcia.

Silva, J., y Maturana, D. (2016). Una propuesta de modelo para introducir metodologías activas en educación superior. *Innovación Educativa, 17*(73), 117-131. http://www.redalyc.org/articulo.oa?id=179450594006

Slavin, R.E. (1990). *Co-operative learning: Theory, research and practice.* Prentice Hall, Englewood Cliffs.

Slavin, R.E. (1995). *Cooperative learning: theory, research and practice* (2nd ed.). Allyn & Bacon.

Slavin, R.E. (2012). Classroom applications of cooperative learning. En S. Graham (Ed.), *APA handbook of educational psychology* (pp. 1-30). American Psychological Association.

Slavin, R.E. (2014). Cooperative Learning and Academic Achievement: Why Does Groupwork Work? *Anales de Psicología, 30*(3), 785-791. DOI: https://doi.org/10.6018/analesps.30.3.201201

Sriwilai, K., y Charoensukmongkol, P. (2016). Face it, don't Facebook it: impacts of social media addiction on mindfulness, coping strategies and the consequence on emotional exhaustion. *Stress and Health, 32*(4), 427-434. https://doi.org/10.1002/smi.2637

Tharp, R.G., Estrada, P., Stoll, S., y Yamauchi, L.A. (2002). *Transformar la enseñanza. Excelencia, equidad, inclusión y armonía en las aulas y las escuelas.* Paidós.

Tinto, V. (1993). *Leaving College.* The University of Chicago Press.

Tomás, A., y Eso, B. (2009). Dinámicas de Grupo. *Innovación y Experiencias Educativas, 20.* https://archivos.csif.es/archivos/andalucia/ensenanza/revistas/csicsif/revista/pdf/Numero_20/ANTONIO_ADAME_TOMAS01.pdf

Torralbas, J.E., y Batista, P. (2020). Articulaciones teóricas y metodológicas entre los procesos de inclusión-exclusión educativa, cohesión grupal y rendimiento. *Revista de Psicología, 19*(2), 65-87. https://doi.org/10.24215/2422572Xe065

Torrego, J.C., y Negro, A. (2012). *Aprendizaje cooperativo en las aulas.* Alianza.

Vaello Orts, J. (2003). *Resolución de conflictos en el aula.* Santillana.

Valero-García, M. (2017). Interdependencia positiva. *ReVisión, 10*(1), 9-10

Velasco, B.T. (2023). Tendencias en aprendizaje y procesos atencionales en estudiantes universitarios: una revisión sistemática. En M. Donoso, M. Reiriz, y S. Uceda (Coords.), *Perspectivas psicobiológicas y pedagógicas del aprendizaje y la atención: aportes a la neurociencia educativa* (pp. 393-413). Aranzadi.

Venet-Muñoz, R., y Calvas-Ojeda, M.G. (2022). El aprendizaje cooperativo en los Estudios Sociales. *Revista Portal de la Ciencia, 3*(2), 85-97. https://doi.org/10.51247/pdlc.v3i2.314.

Vilarrasa, A. (2015, 24 de marzo). *La influencia del programa CA/AC: Cooperar para aprender, aprender a cooperar en la mejora de la convivencia* [Comunicación en congreso]. XII Congreso Internacional y XXXII Jornadas de Universidades y Educación Especial, Madrid.

Ward, A.F., Duke, K., Gneezy, A., y Bos, M.W. (2017). Brain drain: The mere presence of one's own smartphone reduces available cognitive capacity. *Journal of the Association for Consumer Research, 2*(2), 140-154. http://dx.doi.org/10.1086/691462

Webb, N. (2009). The teacher's role in promoting collaborative dialogue in the classroom. *British Journal of Educational Psychology, 79,* 1- 28. https://doi.org/10.1348/000709908X380772

Won, J., Choi, J., Kim, J., Cho, H., Ahn, K., Nam, J., Choi, J., y Kim, D. (2017). Altered brain activity and the effect of personality traits in excessive smartphone use during facial emotion processing. *Scientific Reports, 7*(1), 17-24. http://doi.org/10.1038/s41598-017-08824-y

Xunta de Galicia (s.f.). Atención á diversidade. *Consellería de Cultura, Educación, Formación Profesional e Universidades.* https://www.edu.xunta.gal/portal/diversidade orientacion/141

Xunta de Galicia (2022). Decreto 155/2022, do 15 de setembro, polo que se establece a ordenación e o currículo da educación primaria na Comunidade Autónoma de Galicia. *Consellería de Cultura, Educación, Formación Profesional e Universidades,* DOG, nº 183 (2022). http://www.edu.xunta.gal/portal/node/37925

Zabalza, M.Á. (2008). El Espacio Europeo de Educación Superior: innovación en la enseñanza universitaria. *Innovación Educativa,* (18), 69-95. https://minerva.usc.es/xmlui/bitstream/handle/10347/4437/06.Zabalza.pdf?sequence=1

Zabalza, M.Á. (2012). Las competencias en la formación del profesorado: de la teoría a las propuestas prácticas. *Tendencias Pedagógicas, 20,* 5-32. https://revistas.uam.es/tendenciaspedagogicas/article/view/2012

COLECCIÓN «UNIVERSITARIA»
Aquí puede consultar la información de todos los títulos publicados en esta Colección